Edgar Allan Poe

Short Stories

Nouvelles

Langues pour tous

Collection dirigée par Jean-Pierre Berman, Michel Marcheteau et Michel Savio

ANGLAIS Série bilingue

Niveaux : ❏ facile ❏❏ moyen ❏❏❏ avancé

Littérature anglaise et irlandaise

- **Carroll (Lewis)** ❏
  Alice au pays des merveilles
- **Cleland (John)** ❏❏❏
  Fanny Hill
- **Conan Doyle** ❏
  Nouvelles (6 volumes)
- **Dickens (Charles)** ❏❏
  David Copperfield
  Un conte de Noël
- **Fleming (Ian)** ❏❏
  James Bond en embuscade
- **Greene (Graham)** ❏❏
  Nouvelles
- **Jerome K. Jerome** ❏❏
  Trois hommes dans un bateau
- **Kinsella (Sophie), Weisberger (Lauren)**
  Love and the City ❏
- **Kipling (Rudyard)** ❏
  Le livre de la jungle (extraits)
- **Mansfield (Katherine)** ❏❏❏
  Nouvelles
- **Masterton (Graham)** ❏❏
  Nouvelles
- **Maugham (Somerset)** ❏
  Nouvelles brèves
- **McCall Smith (Alexander)**
  Contes africains ❏
- **Stevenson (Robert Louis)** ❏❏
  L'étrange cas du Dr Jekyll
  et de Mr Hyde
- **Wilde (Oscar)**
  Nouvelles ❏
  Il importe d'être constant ❏
- **Woodhouse (P.G.)**
  Jeeves, occupez-vous de ça ! ❏❏

Ouvrages thématiques

- **L'humour anglo-saxon** ❏
- **Science fiction** ❏❏
- **300 blagues britanniques et américaines** ❏❏

Littérature américaine

- **Bradbury (Ray)** ❏❏
  Nouvelles
- **Chandler (Raymond)** ❏❏
  Les ennuis c'est mon problème
- **Hammett (Dashiell)** ❏❏
  Meurtres à Chinatown
- **Highsmith (Patricia)** ❏❏
  Crimes presque parfaits
- **Hitchcock (Alfred)** ❏❏
  Voulez-vous tuer avec moi ?
- **King (Stephen)** ❏❏
  Nouvelles
- **James (Henry)** ❏❏❏
  Le tour d'écrou
- **London (Jack)** ❏❏
  Histoires du grand Nord
  Contes des mers du Sud
- **Fitzgerald (Scott)**
  Un diamant gros comme
  le Ritz ❏❏
  L'étrange histoire
  de Benjamin Button ❏

Anthologies

- **Nouvelles US/GB** ❏❏ (2 vol.)
- **Les grands maîtres du fantastique**
- **Nouvelles américaines classiques** ❏❏
- **Nouvelles anglaises classiques** ❏❏
- **Ghost Stories – Histoires de fantômes** ❏❏
- **Histoires diaboliques** ❏❏

Autres langues disponibles dans les séries de la collection
Langues pour tous

ALLEMAND · AMÉRICAIN · ARABE · CHINOIS · ESPAGNOL · FRANÇAIS · GREC · HÉBREU
ITALIEN · JAPONAIS · LATIN · NÉERLANDAIS · OCCITAN · POLONAIS · PORTUGAIS
RUSSE · TCHÈQUE · TURC · VIETNAMIEN

EDGAR ALLAN POE

SHORT STORIES

Nouvelles

Choix, traduction et notes par

Dominique Lescanne
Professeur agrégé d'anglais
Responsable des langues et des relations internationales
à l'UFR Infocom de l'université de Lille 3

Dominique Lescanne est Professeur agrégé d'anglais et Responsable des langues et des relations internationales à l'UFR Infocom de l'université de Lille 3.

Il a publié chez **Langues pour Tous** :
- *Réussir l'anglais au Bac*, 1993.
- *La Littérature britannique*, 2004.
- *La Littérature américaine*, 2004.
- *L'anglais au quotidien* (avec Christopher Mason), 2009.

Dans la série bilingue :
- *Un Diamant gros comme le Ritz* de Francis Scott Fitzgerald, 1988, nouvelle édition 2003.
- *Trois hommes dans un bateau* (extraits) de Jerome K. Jerome, 1990, nouvelle édition 2003.
- *Nouvelles anglaises classiques* (Dickens, Kipling, Conrad, Saki et D.H. Lawrence), 2008.
- *L'étrange histoire de Benjamin Button* de Francis Scott Fitzgerald, 2008.
- *Histoires de fantômes* (Walter Scott, Washington Irving et Bram Stoker), 2010.

Dans la série Version originale :
- *Tales of Soldiers* d'Ambrose Bierce, 2006.
- *Great Soliloquies* de William Shakespeare, 2007.

Le Code de la propriété intellectuelle n'autorisant, aux termes des paragraphes 2 et 3 de l'article L. 122-5, d'une part, que les « copies ou reproductions strictement réservées à l'usage privé du copiste et non destinées à une utilisation collective » et, d'autre part, que les analyses et les courtes citations dans un but d'exemple ou d'illustration, « toute représentation ou reproduction intégrale ou partielle faite sans le consentement de l'auteur ou de ses ayants droit ou ayants cause est illicite » (article L. 122-4). Cette représentation ou reproduction, par quelque procédé que ce soit, constituerait donc une contrefaçon sanctionnée par les articles L. 335-2 et suivants du Code de la propriété intellectuelle.

© 2011, Éditions Pocket – Langues pour Tous, département d'Univers Poche, pour la traduction, les notices biographiques et les notes.

ISBN : 978-2-266-21699-9

Sommaire

- Prononciation — 6
- Comment utiliser la série « Bilingue » — 7
- Présentation — 8

- THE FALL OF THE HOUSE OF USHER — 11
- THE BLACK CAT — 73
- THE CASK OF AMONTILLADO — 107

Prononciation

Sons voyelles

- [ɪ] **pit**, un peu comme le *i* de *site*
- [æ] **flat**, un peu comme le *a* de *patte*
- [ɒ] ou [ɔ] **not**, un peu comme le *o* de *botte*
- [ʊ] ou [u] **put**, un peu comme le *ou* de *coup*
- [e] **lend**, un peu comme le *è* de *très*
- [ʌ] **but**, entre le *a* de *patte* et le *eu* de *neuf*
- [ə] jamais accentué, un peu comme le *e* de *le*

Voyelles longues

- [iː] **meet** [miːt], cf. *i* de *mie*
- [ɑː] **farm** [fɑːᵣm], cf. *a* de *larme*
- [ɔː] **board** [bɔːᵣd], cf. *o* de *gorge*
- [uː] **cool** [kuːl], cf. *ou* de *mou*
- [ɜː] ou [əː] **firm** [fəːᵣm], cf. *eu* de *peur*

Semi-voyelle

- [j] **due**, [djuː], un peu comme *diou...*

Diphtongues (voyelles doubles)

- [aɪ] **my** [maɪ], cf. *aïe!*
- [ɔɪ] **boy** [bɔɪ], cf. *oyez!*
- [eɪ] **blame** [bleɪm], cf. *eille* dans *bouteille*
- [aʊ] **now** [naʊ], cf. *aou* dans *caoutchouc*
- [əʊ] ou [əu] **no** [nəʊ], cf. *e + ou*
- [ɪə] **here** [hɪəᵣ], cf. *i + e*
- [ɛə] **dare** [dɛəᵣ], cf. *é + e*
- [ʊə] ou [uə] **tour**, [tʊəᵣ], cf. *ou + e*

Consonnes

- [θ] **thin** [θɪn], cf. *s* sifflé (langue entre les dents)
- [ð] **that** [ðæt], cf. *z* zézayé (langue entre les dents)
- [ʃ] **she** [ʃiː], cf. *ch* de *chute*
- [ŋ] **bring** [brɪŋ], cf. *ng* dans *ping-pong*
- [ʒ] **measure** [ˈmeʒəᵣ], cf. le *j* de *jeu*
- [h] le *h* se prononce ; il est nettement expiré

Accentuation

ˈ – accent unique ou principal, comme dans MOTHER [ˈmʌðəᵣ]

ˌ – accent secondaire, comme dans PHOTOGRAPHIC [ˌfəʊtəˈgræfɪk]

ʳ indique que le **r**, normalement muet, est prononcé en liaison ou en américain

Comment utiliser la série « Bilingue »

Cet ouvrage de la série « Bilingue » permet au lecteur :

- d'avoir accès aux versions originales de nouvelles célèbres en anglais, et d'en apprécier, dans les détails, la forme et le fond ;

- d'améliorer sa connaissance de l'anglais, en particulier dans le domaine du vocabulaire dont l'acquisition est facilitée par l'intérêt même du récit, et le fait que mots et expressions apparaissent en situation dans un contexte, ce qui aide à bien cerner leur sens.

Cette série constitue donc une véritable méthode d'auto-enseignement, dont le contenu est le suivant :

- page de gauche, le texte anglais ;

- page de droite, la traduction française ;

- bas des pages de gauche et de droite, une série de notes explicatives (vocabulaire, grammaire, etc.).

Les notes de bas de page aident le lecteur à distinguer les mots et expressions idiomatiques d'un usage courant, et qu'il lui faut mémoriser, de ce qui peut être trop exclusivement lié aux événements et à l'art de l'auteur.

Il est conseillé au lecteur de lire d'abord l'anglais, de se reporter aux notes et de ne passer qu'ensuite à la traduction ; sauf, bien entendu, s'il éprouve de trop grandes difficultés à suivre le récit dans ses détails, auquel cas il lui faut se concentrer davantage sur la traduction, pour revenir finalement au texte anglais, en s'assurant bien qu'il en a dès lors maîtrisé le sens.

Présentation

Edgar Allan Poe fut l'un des premiers écrivains américains connus en France. Ses contes fantastiques, traduits par Baudelaire entre 1856 et 1865, exercèrent une très grande influence sur beaucoup de grands écrivains français, notamment Baudelaire lui-même, Mallarmé, Paul Valéry et les surréalistes. Ils donnèrent lieu à de nombreuses analyses critiques et psychologiques, comme celles de Gaston Bachelard, et fournirent matière à de très sérieuses études psychanalytiques, de Marie Bonaparte à Jacques Lacan. Il est aussi considéré comme l'inventeur du roman policier, avec *Double assassinat dans la Rue Morgue*, une nouvelle de 1841 où apparaît le personnage du Chevalier Dupin, le premier de la lignée des grands détectives de la littérature policière.

Né à Boston le 19 janvier 1809, Edgar est le deuxième enfant d'une comédienne douée, d'origine anglaise, Elizabeth Arnold et de David Poe, acteur médiocre, alcoolique et tuberculeux. En 1810, David Poe abandonne sa femme, enceinte, et ses enfants, et meurt peu après. En 1811 c'est Elizabeth qui meurt à son tour, à l'âge de 24 ans. William, le fils aîné, est recueilli par son grand-père, David Poe, héros de la guerre d'Indépendance tandis que Rosalie, la cadette, est placée dans la famille MacKenzie et qu'Edgar est accueilli par John Allan et sa femme, ses parrain et marraine, qui n'ont pas d'enfant. John Allan pourvoira aux besoins d'Edgar mais, déçu par son attitude, aura avec lui des relations tumultueuses, ne l'adoptera jamais et ne lui laissera, en 1834, aucun héritage. William mourra à 24 ans, alcoolique et tuberculeux alors que Rosalie contractera, à 12 ans, une maladie qui la laissera handicapée mentale pour le reste de sa vie.

En 1827 Poe publie ses premiers poèmes, qui passent inaperçus et, pour survivre, s'engage dans l'armée américaine. En 1829, à la mort de Mme Allan, Poe se réconcilie provisoirement avec John, qui l'aide à entrer dans la célèbre école militaire de West Point dont il se fait volontairement renvoyer deux ans plus tard.

Il écrit ses premiers contes en 1832 et est engagé, en 1835, comme rédacteur adjoint du *Southern Literary Messenger* de Boston où il publie de virulentes critiques littéraires qui lui valent une certaine notoriété.

Il épouse, en 1836, sa cousine Virginia Clemm, qui n'a pas encore 14 ans, et abandonne la revue pour laquelle il avait écrit de nombreuses critiques et contes, en plein milieu de la publication en feuilleton de son unique roman, **The Narrative of Gordon Pym**. Il collabore ensuite à d'autres revues sans jamais parvenir à en fonder une lui-même.

En 1845 son poème *Le Corbeau* (**The Raven**) a un énorme succès et le rend célèbre du jour au lendemain. Malgré cette célébrité il continue à mener une vie assez misérable : le journal qu'il dirige fait faillite en 1846 et sa femme, Virginia, meurt en 1847. Sa santé physique et mentale se détériore de plus en plus et il se réfugie dans le laudanum et l'alcool. Le 3 octobre 1849 son corps est retrouvé sans vie dans une rue de Baltimore.

*

Les trois nouvelles que nous présentons ici font partie des meilleures que Poe ait écrites :

— *La Chute de la maison Usher* parut le 1er septembre 1839 dans *Burton's Gentleman's Magazine* et fut reprise dans *Tales of the Grotesque and The Arabesque* en 1840.

Le poème *Le Palais Hanté* était paru en avril 1839 dans *American Museum*.

— *Le Chat Noir* parut le 19 août 1843 dans *United States Saturday Post*, et dans le volume des *Tales* de 1845.

— *La Barrique d'amontillado* parut en novembre 1846 dans *Godey's Lady's Book*.

Ces trois contes sont écrits à la première personne et le narrateur joue un rôle essentiel dans l'histoire. Dans *La Chute de la Maison Usher*, il rapporte son aventure effrayante dans la Maison Usher qu'il a quitté juste avant qu'elle ne s'effondre alors que dans *Le Chat noir* et *La Barrique d'amontillado*, il fait le récit, en détail, d'un terrible meurtre qu'il a commis. Cette forme narrative permet de faire pénétrer le lecteur dans les profondeurs d'une âme noire et d'intensifier l'effet de choc et d'horreur.

Roderick Usher, ainsi que les narrateurs du *Chat noir* et de *La Barrique d'amontillado*, sont isolés et vivent dans un monde clos. Ils s'enferment eux-mêmes comme ils enferment leurs victimes, en les emmurant ou en les enterrant vivantes.

Pour Poe, l'écrivain doit chercher dans son art à produire un choc sur le lecteur. La nouvelle lui paraît, par sa brièveté et l'absence de digression, la forme littéraire la plus appropriée pour maintenir cet effet tout au long de l'œuvre. Il pense que seule l'unité d'intrigue, d'atmosphère et d'effet peut assurer aux lecteurs de ses contes la véritable expérience spirituelle qu'il veut leur offrir.

La Chute de la Maison Usher a fait l'objet de plusieurs adaptations cinématographiques pour des films fantastiques dont les meilleurs sont, en France, *La Chute de la Maison Usher* de Jean Epstein, film muet de 1928, et aux Etats-Unis, *House of Usher* de Roger Corman en 1960.

Le Chat Noir a inspiré le scénario du film d'horreur américain de Edgar G. Ulmer : *The Black Cat*, avec Boris Karloff, sorti en 1934.

La Barrique d'amontillado a été adaptée au cinéma, pour des courts métrages, en particulier celui de l'Américain John Carroll et surtout des films d'animation comme celui réalisé par le Canadien Logan Wright avec des Legos (ce qu'on appelle un **brickfilm**).

The Cask of Amontillado et *The Fall of the House of Usher* sont aussi deux morceaux du premier album du groupe de rock britannique The Alan Persons Project, intitulé *Tales of Mystery and Imagination* (1976).

The Fall of the House of Usher

La Chute de la Maison Usher

> Son cœur est un luth suspendu ;
> Sitôt qu'on le touche il résonne.
>
> De Beranger

During the whole of a dull, dark, and soundless[1] day in the autumn of the year, when the clouds hung oppressively low in the heavens, I[2] had been passing alone, on horseback, through a singularly dreary[3] tract[4] of country; and at length found myself, as the shades of the evening drew on, within view of the melancholy[5] House of Usher. I know not how it was – but, with the first glimpse of the building, a sense of insufferable gloom[6] pervaded[7] my spirit. I say insufferable; for the feeling was unrelieved by any of that half-pleasurable, because poetic, sentiment, with which the mind usually receives even the sternest[8] natural images of the desolate or terrible. I looked upon the scene before me – upon the mere house, and the simple landscape features of the domain – upon the bleak[9] walls – upon the vacant[10] eye-like windows – upon a few rank[11] sedges[12] – and upon a few white trunks of decayed trees – with an utter depression of soul which I can compare to no earthly sensation more properly than to the after-dream of the reveller[13] upon opium[14] – the bitter lapse into everyday life – the hideous dropping off of the veil. There was an iciness, a sinking, a sickening of the heart – an unredeemed[15] dreariness of thought which no goading[16] of the imagination could torture into aught of the sublime. What was it – I paused to think – what was it that so unnerved me in the contemplation of the House of Usher? It was a mystery all insoluble; nor could I grapple with the shadowy fancies that crowded upon me as I pondered.

---

1. **soundless** : adjectif formé à partir du nom *sound* et du suffixe privatif *–less*.

2. Le récit est raconté à la première personne par un narrateur qui est à la fois participant et observateur et dont on ne sait pratiquement rien.

3. **dreary** ['drɪərɪ] : *morne* ; *ennuyeux* ; *monotone*.

4. **a tract** (*of land, forest*) : *une étendue*.

5. **melancholy** peut être nom (*la mélancolie*) ou adjectif (*mélancolique*).

6. **gloom** = 1. ***darkness, a dark place***. 2. ***lowness of spirits, dejection***. On remarquera que tous les éléments du décor concourent à créer une atmosphère de tristesse et de peur.

7. **to pervade** : *s'infiltrer, se répandre dans* (*qch*).

8. **stern** : *sévère, rigide, dur*. Cf. ***the sterner sex*** : *le sexe fort*.

9. **bleak** peut s'appliquer à un paysage (*désert, balayé par le vent*), au temps (*triste*) mais aussi à l'avenir (*morne, peu réjouissant*) ou un sourire (*pâle*).

Pendant toute une journée d'automne, triste, sombre et silencieuse où les nuages bas pesaient lourdement dans le ciel j'avais traversé seul et à cheval une contrée singulièrement sinistre ; et, enfin, à mesure que la nuit tombait j'arrivai en vue de la lugubre maison Usher. Je ne sais comment cela se fit, mais dès que j'entrevis la bâtisse, un sentiment de tristesse insupportable m'envahit. Je dis insupportable ; car cette tristesse n'était nullement atténuée par cette émotion un peu réconfortante, car elle est l'essence de la poésie, dont l'âme est généralement saisie à la vue des images d'horreur ou de désolation les plus sombres qu'offre la nature. Je contemplais la scène que j'avais devant les yeux et rien qu'à voir la maison et la perspective caractéristique de ce domaine, les murs sinistres, les fenêtres semblables à des yeux vides, quelques bouquets de joncs touffus, les troncs blanchis de quelques arbres morts, j'avais l'âme percée d'une douleur si grande, qui, parmi les sensations terrestres, ne peut guère se comparer qu'à celle que ressent le fumeur d'opium à son réveil, l'atroce retour à la vie quotidienne, l'horrible sensation du voile qui tombe. Cela glaçait le sang, soulevait et retournait le cœur, c'était d'une tristesse épouvantable que l'imagination la plus fertile ne pouvait transformer en quelque chose de sublime. Quelle était donc cette chose, pris-je le temps de penser, cette chose qui me troublait ainsi en contemplant la maison Usher ? C'était un mystère qui m'était tout à fait inaccessible, de même qu'il m'était impossible d'échapper aux idées ténébreuses qui m'assaillaient dans mes méditations.

---

10. **vacant eyes** : *yeux vides d'expression*. Le bâtiment est décrit comme s'il était une personne.

11. **rank** peut s'appliquer à de la végétation (*luxuriant, touffu, prolifique*) mais aussi à une odeur (*fétide*) ou s'applique à une qualité (négative) particulière (*complet, absolu*). Ex. : ***rank swindler*** (*pur escroc*), ***rank injustice*** (*injustice criante*).

12. **sedge** : *joncs, roseaux*.

13. **reveller** : *noceur, joyeux convive*. Cf. **to revel** : *s'amuser* ; *festoyer* ; *faire bombance* ; **to revel in sth** : *se délecter de*.

14. L'opium suggère l'hallucination : l'excitation et la méprise des sens.

15. **unredeemed** : *irracheté, inaccompli*. Cf. **to redeem a promise** : *tenir une promesse* ; **to redeem a debt** : *libérer une dette*.

16. **to goad** : *aiguillonner, talonner*.

I was forced to fall back upon the unsatisfactory conclusion, that while[1], beyond doubt, there are combinations of very simple natural objects which have the power of thus affecting us, still the analysis of this power lies[2] among considerations beyond our depth[3]. It was possible, I reflected, that a mere different arrangement of the particulars[4] of the scene, of the details of the picture, would be sufficient to modify, or perhaps to annihilate[5] its capacity for sorrowful impression; and, acting upon this idea, I reined my horse to the precipitous brink[6] of a black and lurid[7] tarn[8] that lay in unruffled[9] lustre[10] by the dwelling[11], and gazed[12] down – but with a shudder even more thrilling than before – upon the remodelled and inverted images of the grey sedge, and the ghastly[13] tree-stems[14], and the vacant and eye-like windows.

Nevertheless, in this mansion of gloom I now proposed to myself a sojourn of some weeks. Its proprietor, Roderick Usher, had been one of my boon companions in boyhood; but many years had elapsed since our last meeting. A letter, however, had lately reached me in a distant part of the country – a letter from him – which, in its wildly importunate nature, had admitted of no other than a personal reply. The MS.[15] gave evidence of nervous agitation. The writer spoke of acute bodily illness[16] – of a mental disorder which oppressed him – and of an earnest desire to see me, as his best, and indeed his only personal friend, with a view of attempting, by the cheerfulness of my society, some alleviation of his malady.

---

1. while... still... : *alors que... cependant...*
2. to lie, lay, lain : *être couché*. Cf. ***sins that lie heavy on the conscience*** : *péchés qui pèsent sur la conscience*; ***the responsibility lies with him*** : *la responsiblité lui incombe.*
3. Cf. ***to be out of one's depth*** : *avoir perdu pied*; *ne pas être à la hauteur.*
4. **particular** : *détail, particularité.* Cf. ***without entering into particulars*** : *sans entrer dans les détails.*
5. **to annihilate** [ə'naɪəˌleɪt] : *annihiler.*
6. **brink** : *bord* (d'un précipice, d'un fleuve). Cf. ***to be on the brink of*** : *être tout près/à deux doigts de.*
7. **lurid** : *blafard*; *livide*; *sinistre.*
8. **a tarn** = ***a small steep-banked mountain lake or pool*** (*petit lac de montagne encaissé*).

Je fus contraint d'aboutir à la conclusion peu satisfaisante qu'il y a, sans aucun doute, des combinaisons d'objets naturels très simples qui ont le pouvoir de nous affecter de la sorte et que l'analyse de ce pouvoir gît dans des considérations où nous perdrions pied. Il était possible, pensais-je, qu'une simple différence dans l'arrangement des éléments du décor, des détails du tableau, suffît pour modifier et même à annihiler la puissance que celui-ci de nous donner cette impression de tristesse ; et, tout en réfléchissant à cela, je conduisis mon cheval vers le bord escarpé d'un noir et lugubre étang, qui, miroir immobile, s'étalait devant le bâtiment ; et je regardai, avec un frisson d'épouvante plus grand encore que la première fois, l'envers de ces images de joncs grisâtres, de troncs d'arbres horribles et de fenêtres semblables à des yeux sans vie.

C'était néanmoins dans ce manoir lugubre que je me proposais de séjourner pendant quelques semaines. Son propriétaire, Roderick Usher, avait été l'un de mes amis d'enfance ; mais plusieurs années s'étaient écoulées depuis notre dernière entrevue. Une lettre, cependant, m'était parvenue récemment dans une région lointaine du pays, une lettre de lui, dont la tournure tellement pressante ne pouvait appeler qu'une démarche personnelle. L'écriture portait trace d'une grande agitation morale. L'auteur de cette lettre me parlait d'une souffrance physique intense, d'un trouble mental qui l'oppressait et d'un ardent désir de me revoir, moi qui étais son meilleur et, à vrai dire, son seul ami, espérant trouver dans la joie de ma compagnie quelque soulagement à son mal.

---

9. **unruffled** [ʌn'rʌfld] : *calme, serein, imperturbable.* Cf. **to ruffle** : *ébouriffer ; contrarier, troubler ; chiffonner.*

10. **lustre** ['lʌstəʳ] : *éclat, brillant.*

11. **dwelling** : *habitation, résidence ; lieu de séjour.* Cf. **to dwell, dwelt, dwelt** : *habiter, résider.* **city-dwellers** : *citadins.*

12. **to gaze** : *regarder fixement.*

13. **ghastly** ['gɑːstlɪ] : *horrible, effroyable, épouvantable.*

14. **stem** peut s'utiliser pour une plante (*tige*) ou un arbre (*tronc, souche*).

15. **MS.** (*manuscrit*) fait au pluriel **MSS**.

16. Le trouble mental est associé, déjà ici, à l'idée d'une maladie physique.

It was the manner in which all this, and much more, was said – it the apparent *heart*[1] that went with his request – which allowed me no room for hesitation; and I accordingly obeyed forthwith what I still considered a very singular summons[3].

Although, as boys, we had been even intimate associates, yet really knew little of my friend. His reserve had been always excessive and habitual. I was aware, however, that his very ancient family had been noted, time out of mind[4], for a peculiar sensibility of temperament, displaying itself, through long ages, in many works of exalted[5] art, and manifested, of late[6], in repeated deeds[7] of munificent[8] yet unobtrusive[9] charity, as well as in a passionate devotion to the intricacies[10], perhaps even more than to the orthodox and easily recognisable beauties, of musical science. I had learned, too, the very remarkable fact, that the stem of the Usher race, all time-honoured[11] as it was, had put forth, at no period, any enduring[12] branch; in other words, that the entire family lay in the direct line of descent, and had always, with very trifling and very temporary variation, so lain. It was this deficiency[13], I considered, while running over in thought the perfect keeping of the character of the premises with the accredited character of the people, and while speculating upon the possible influence which the one, in the long lapse[14] of centuries, might have exercised upon the other – it was this deficiency, perhaps, of collateral issue, and the consequent undeviating transmission, from sire[15] to son,

---

1. **heart** est ici mis en italique pour mettre l'accent sur l'aspect affectif et sincère de la requête faite par Usher. Il est ici synonyme de *love*, *affection*.

2. **forthwith** [fɔːrθ'wɪθ] (adv.) : *sur-le-champ, tout de suite, sans délai*.

3. **a summons** : *appel* (fait d'autorité), *convocation urgente* ; *assignation*. Cf. *summons to surrender* : *sommation*. Fait au pluriel **summonses**.

4. Cf. *to pass out of mind* : *tomber dans l'oubli*.

5. **exalted** [ɪgˈzɔːltɪd] : *loué, vanté*. Cf. *to exalt to the skies* : *porter jusqu'aux nues*.

6. **of late** = *recently*.

7. **deed** : *action, acte*. Cf. *to do a good deed* : *faire une bonne action*.

8. **munificent** = *characterized by great liberality or generosity* : *munificent*.

C'était le ton dans lequel toutes ces choses et bien d'autres encore étaient dites, c'était cette supplication d'un cœur qui paraissait sincère, qui ne me permettait pas la moindre hésitation ; et j'obéis derechef à ce que je considérais comme une injonction des plus singulières.

Quoique, dans notre enfance, nous eussions été camarades intimes, je ne savais que fort peu de choses de mon ami. Il s'était toujours montré excessivement réservé. Je savais parfaitement, néanmoins, qu'il appartenait à une famille très ancienne qui depuis des temps immémoriaux avait la réputation d'avoir un tempérament d'une sensibilité particulière. Cette sensibilité s'était déployée, à travers les âges, dans de nombreuses œuvres d'art reconnues et s'était manifestée, plus récemment, par de nombreux actes de charité aussi larges que discrets, ainsi que par un amour passionné pour les arcanes, peut-être plus encore que pour les beautés orthodoxes et facilement reconnaissables de la science musicale. J'avais appris aussi ce fait très remarquable que l'arbre généalogique des Usher, aussi loin que l'on pût remonter, ne s'était, à aucune époque, ramifié ; en d'autres termes, que la famille entière ne s'était perpétuée qu'en ligne directe, à quelques exceptions près, insignifiantes et de courte durée. C'était cette absence, pensais-je, tout en réfléchissant à l'harmonie parfaite du caractère des lieux et du caractère proverbial de la famille, et en imaginant l'influence qu'au fil des siècles l'un avait pu exercer sur l'autre, c'était peut-être cette absence de branche collatérale et, par conséquent, la transmission directe, de père en fils,

---

9. **unobtrusive** : *discret, modeste.*
10. **intricacy** : *complexité.* Cf. **intricate** : *compliqué ; embrouillé.*
11. **time-honoured** : *consacré* (par l'usage), *vénérable, séculaire.*
12. **enduring** : *durable, persistant, permanent ; patient.*
13. Apparaît ici l'idée qu'il y a un défaut originel, une tare familiale ou déficience génétique, qui se transmet de génération en génération.
14. **lapse** : *laps de temps.* Cf. ***after a lapse of two years*** : *au bout de deux ans.*
15. **sire** (archaïque et poétique) : *père, aïeul.* S'utilise encore couramment pour les animaux dans le sens d'*étalon.* Cf. **to sire** : *procréer, engendrer.*

of the patrimony with the name, which had, at length, so identified the two as to merge[1] the original title of the estate[2] in the quaint[3] and equivocal appellation of the "House[4] of Usher" – an appellation which seemed to include, in the minds of the peasantry[5] who used it, both the family and the family mansion[6].

I have said that the sole effect of my somewhat[7] childish experiment – that of looking down within[8] the tarn – had been to deepen the first singular impression. There can be no doubt that the consciousness of the rapid increase of my superstition – for why should I not so term it? – served mainly to accelerate the increase itself. Such, I have long known, is the paradoxical law of all sentiments having terror as a basis. And it might have been for this reason only, that, when I again uplifted[9] my eyes to the house itself, from its image in the pool, there grew in my mind a strange fancy – a fancy so ridiculous, indeed, that I but[10] mention it to show the vivid force of the sensations which oppressed me. I had so worked upon my imagination as really to believe that about the whole mansion and domain there hung an atmosphere peculiar to themselves and their immediate vicinity[11] – an atmosphere which had no affinity with the air of heaven, but which had reeked up[12] from the decayed trees, and the grey wall, and the silent tarn – a pestilent and mystic[13] vapour, dull, sluggish[14], faintly discernible, and leaden-hued[15].

---

1. **to merge** : *fondre, fusionner.* Ex. : ***Fear was gradually merged in curiosity*** : *petit à petit la peur se transforma en curiosité.*

2. **estate** : *terre, propriété, bien.* Cf. ***estate agent*** : *agent immobilier.*

3. **quaint** = 1. ***unusual in character or appearance*** (*bizarre*). 2. ***pleasingly old-fashioned or unfamiliar*** (*pittoresque, cocasse*).

4. Le terme « maison » désigne, chez les nobles et les souverains, la famille. Ici la famille et le bâtiment se confondent.

5. **peasantry** ['pezəntrɪ] : *les paysans.*

6. **mansion** ['mænʃən] = ***a large imposing residence*** (*château, hôtel particulier*).

7. **somewhat** (*adv.*) : *quelque peu, tant soit peu.*

8. **within** (*prep.*) : *à l'intérieur, en dedans de.* Peut aussi être adverbe : *à l'intérieur, au-dedans.*

9. **to uplift** : *soulever, élever.* Ce verbe archaïque survit sous forme d'adjectif : ex. **uplifting** : *exaltant.*

du patrimoine et du nom, qui avaient à la longue si bien identifié les deux, que le nom d'origine de la propriété s'était fondu dans cette appellation, à la fois bizarre et équivoque de *Maison Usher*, qui semblait, dans l'esprit des paysans de la région, désigner autant la famille que le manoir de celle-ci.

J'ai dit que le seul effet de mon expérience quelque peu puérile, c'est à dire d'avoir regardé dans l'étang, avait été de renforcer cette première impression d'étrangeté. Il ne fait aucun doute que la conscience de l'accroissement de mes craintes superstitieuses – pourquoi ne les définirais-je pas ainsi ? – n'aient fait qu'accélérer cette croissance. Telle est, je le savais depuis longtemps, la loi paradoxale de tous les sentiments qui ont la terreur pour base. Et ce fut peut-être l'unique raison qui fit que, quand mon regard se porta, à nouveau, du reflet de la maison dans l'étang vers la maison elle-même, une pensée étrange me poussa dans l'esprit, une idée, si ridicule, à vrai dire, que, si j'en fais mention, c'est seulement pour montrer la force vive des sensations qui m'oppressaient. Mon imagination avait tellement travaillé que j'en étais vraiment venu à croire qu'autour du manoir et du domaine régnait une atmosphère qui était particulière à cet endroit et à ses environs immédiats, une atmosphère qui n'avait pas d'affinité avec l'air du ciel, mais qui s'exhalait des arbres en décomposition, des murailles grisâtres et de l'étang silencieux, une vapeur mystérieuse et pestilentielle, glauque, stagnante, à peine perceptible et couleur de plomb.

---

10. **but** est ici un adverbe qui a le sens de *seulement*. Cf. *he is nothing but a child* : *ce n'est qu'un enfant*.

11. **vicinity** : *voisinage, proximité* ; *alentours*. Cf. *in the vicinity of* : *dans les environs de*.

12. **to reek up** : *exhaler des vapeurs ou une mauvaise odeur*. Ex. : *to reek of alcohol* : *empester l'alcool*.

13. **mystic** a le sens de *mysterious* mais aussi de *inducing a feeling of awe or wonder* (*surnaturel*).

14. **sluggish** = *markedly slow in movement*. Ex. : *The game picked up after a sluggish start* : *le jeu s'est animé après un départ lent*.

15. adjectif composé à partir de **lead** [led] (*plomb*) et de **hue** [hju:] (*teinte, couleur*). N.B. : On remarquera que la description fait référence, à la fois, à des sensations visuelles, auditives et olfactives.

Shaking off[1] from my spirit what *must*[2] have been a dream, I scanned[3] more narrowly the real aspect of the building. Its principal feature seemed to be that of an excessive antiquity. The discoloration of ages had been great. Minute[4] *fungi*[5] overspread[6] the whole exterior, hanging in a fine tangled[7] web-work from the eaves[8]. Yet all this was apart from any extraordinary dilapidation. No portion of the masonry had fallen; and there appeared to be a wild inconsistency between its still perfect adaptation of parts, and the crumbling[9] condition of the individual stones[10]. In this there was much that reminded me of the specious totality of old wood-work which has rotted for long years in some neglected vault[11], with no disturbance from the breath of the external air. Beyond this indication of extensive decay, however, the fabric[12] gave little token of instability. Perhaps the eye of a scrutinising observer might have discovered a barely perceptible fissure[13], which, extending from the roof of the building in front, made its way[14] down the wall in a zigzag direction, until it became lost in the sullen waters of the tarn.

Noticing these things, I rode over a short causeway[15] to the house. A servant in waiting took my horse, and I entered the Gothic archway[16] of the hall. A valet, of stealthy step[17], thence conducted me, in silence, through many dark and intricate passages in my progress to the *studio* of his master.

---

1. **to shake off** : *se débarrasser, se défaire* (de). Cf. **to shake off the dust from one's feet** : *secouer la poussière de ses pieds*.

2. La mise en italiques indique l'insistance sur le fait que le narrateur veut se persuader qu'il s'agit d'un rêve.

3. **to scan** peut indiquer soit l'attention (*examiner, scruter*) soit la rapidité (*jeter un coup d'œil*).

4. Attention à la prononciation de **minute** [maɪˈnjuːt], qui est un adjectif signifiant *tout petit, minuscule, minime* qui diffère de celle du nom **minute** [ˈmɪnɪt].

5. **fungi** [ˈfʌŋɡaɪ] est le pluriel de **fungus** qui désigne un *champignon* (souvent vénéneux).

6. **to overspread, overspread, overspread** : *couvrir* (**with**, de), *se répandre, s'étendre sur* (*qch*).

7. **tangled** : *emmêlé, embrouillé, entrelacé*.

8. **eaves** : *avant-toit, gouttières*.

9. **to crumble** : *s'écrouler, s'effriter, s'émietter*. D'où le nom donné à une pâtisserie qui a une consistance friable.

Chassant de mon esprit ce qui ne pouvait être qu'un rêve, j'examinai avec plus d'attention l'aspect réel du bâtiment. Son caractère principal semblait être celui d'une excessive antiquité.

Il avait, avec le temps, perdu toute couleur. De menues fongosités recouvraient toute la façade et la tapissaient à partir du toit comme une fine toile brodée. Mais tout cela n'impliquait pas une détérioration extraordinaire. Aucun morceau de maçonnerie n'était tombé, et il semblait qu'il y eût une incohérence étrange entre la cohésion générale encore parfaite des différentes parties et l'état de décomposition des pierres elles-mêmes. Cela me rappelait beaucoup l'intégrité spécieuse de ces vieilles boiseries que l'on a laissé longtemps pourrir dans quelque cave abandonnée, à l'abri du souffle de l'air extérieur. A part cet indice de délabrement, l'édifice ne donnait aucun signe de fragilité. Peut-être l'œil d'un observateur avisé aurait-il découvert une fissure à peine visible qui, partant du toit de la façade, se frayait un chemin en zigzag à travers le mur et allait se perdre dans les eaux funestes de l'étang.

Tout en remarquant ces détails, je parcourus à cheval la courte chaussée qui menait à la maison. Un serviteur prit mon cheval, et je passai sous la voûte gothique de l'entrée. Un valet de chambre au pas furtif me conduisit en silence au cabinet de son maître à travers un dédale de couloirs sombres.

---

10. Comme la façade de sa maison le comportement de Roderick est apparemment logique et cohérent mais son esprit est dans un état de désintégration.

11. **vault** : *souterrain, caveau* ; cf. ***family vault*** : *caveau de famille*.

11. **fabric** : 1. *édifice, bâtiment*. 2. *la structure* (*d'un édifice*) 3. *étoffe, tissu* cf. **the whole fabric of society** : *le tissu social*.

12. **token** : *signe, indication*. Cf. ***in token of***... ; ***as a token of*** ... : *en signe de..., en témoignage de...*

13. Cette fissure sur la façade rappelle la tare familiale, qui n'est pas non plus immédiatement perceptible.

14. Cf. ***to make one's way towards a place*** : *se diriger vers un endroit*.

15. **a causeway** est une chaussée surélevée qui coupe une étendue d'eau.

16. L'art gothique, qui avait disparu à la Renaissance, a été remis à la mode par le romantisme à la fin du XVIIIe siècle et est souvent associé à l'obscur, au mystérieux et même au mysticisme. Les romans gothiques furent un genre mis à la mode en Angleterre à la fin du XVIIIe.

17. **with stealthy steps** : *à pas de loup, à pas feutrés*.

Much that I encountered on the way contributed, I know not how, to heighten the vague sentiments of which I have already spoken. While the objects around me – while the carvings[1] of the ceilings, the sombre tapestries of the walls, the ebon[2] blackness of the floors, and the phantasmagoric[3] armorial[4] trophies[5] which rattled[6] as I strode, were but matters to which, or to such as which, I had been accustomed from my infancy – while I hesitated not to acknowledge how familiar was all this[7] – I still wondered to find how unfamiliar were the fancies[8] which ordinary images were stirring up[9]. On one of the staircases, I met the physician[10] of the family. His countenance, I thought, wore a mingled expression of low cunning[11] and perplexity[12]. He accosted me with trepidation[13] and passed on. The valet now threw open a door and ushered me into the presence of his master.

The room in which I found myself was very large and lofty. The windows were long, narrow, and pointed, and at so vast a distance from the black oaken[14] floor as to be altogether inaccessible from within. Feeble gleams of encrimsoned light made their way through the trellised panes, and served to render sufficiently distinct the more prominent objects around the eye, however, struggled in vain to reach the remoter angles of the chamber, or the recesses of the vaulted and fretted[15] ceiling. Dark draperies hung upon the walls. The general furniture was profuse[16], comfortless, antique, and tattered.

---

1. **to carve** [kɑːʳv] : *sculpter* ; *graver*.
2. **ebon** (poétique) : *d'ébène*.
3. On désigne par « fantasmagorique » une apparition surnaturelle, un phénomène extraordinaire.
4. **armorial** : *héraldique*. Cf. ***armorial bearings*** : *armoiries*.
5. **trophy** a ici le sens de ***ornamental group of weapons***. On appelle *panoplie* cet ensemble d'armures et de boucliers, qui portaient les armoiries de leur propriétaire pour permettre ainsi de les reconnaître sous leur heaume.
6. **rattle** désigne généralement un bruit métallique fort.
7. Le décor est celui des châteaux hantés des romans gothiques.
8. **a fancy** : *chose imaginaire* ; cf. ***it's only fancy*** : *c'est pure imagination*.

La plupart des choses que je rencontrai sur mon chemin contribuèrent, je ne sais comment, à renforcer les sensations vagues dont j'ai déjà parlé. Les objets qui m'entouraient, les moulures des plafonds, les sombres tapisseries sur les murs, la noirceur d'ébène des parquets et les fantasmagoriques panoplies armoriées qui cliquetaient à chacun de mes pas, étaient choses bien connues de moi. J'y étais accoutumé depuis mon enfance, et, quoique je les reconnusse sans hésitation pour des choses qui m'étaient familières, je m'étonnais de l'étrangeté totale des pensées que ces images ordinaires évoquaient en moi. Sur l'un des escaliers, je rencontrai le médecin de la famille. Sa physionomie, à ce qu'il me sembla, portait une expression mêlée de sournoiserie et de perplexité. Il me croisa en tremblant de tous ses membres et continua son chemin. Le domestique ouvrit alors soudain une porte et m'introduisit auprès de son maître.

La pièce dans laquelle on m'avait fait rentrer était très grande et haute de plafond. Les fenêtres, hautes, étroites et en arc brisé étaient à une telle distance du plancher de chêne noir qu'elles étaient inaccessibles de l'intérieur. De faibles rayons d'une lumière cramoisie pénétraient à travers les carreaux treillissés et rendaient suffisamment distincts les principaux objets environnants ; l'œil, néanmoins, ne parvenait pas à saisir les angles les plus éloignés de cette chambre ou les recoins du plafond arrondi en voûte et décrépit. De sombres draperies tapissaient les murs. La pièce était encombrée d'un mobilier antique, incommode et délabré.

---

9. **to stir up** : *remuer, agiter* ; *susciter, attiser*.

10. **physician** : *médecin*. Attention, *physicien* se dit ***physicist***.

11. **cunning** : *ruse, finesse, habileté* ; *sournoiserie*. Peut aussi s'utiliser comme adjectif ; cf. ***as cunning as a fox*** : *rusé comme un renard*.

12. **perplexity** : *perplexité* : *embarras* ; *confusion*.

13. **trepidation** : *agitation violente, émoi, tremblement des membres*.

14. **oaken** ['əʊkən] : *de/en chêne*. Cf. ***an oak*** : *un chêne*.

15. **fretted** : *éraillé, rongé, érodé, usé*.

16. **profuse** [prə'fjuːs] : *prodigue* ; *abondant, excessif*.

Many books and musical instruments lay scattered[1] about, but failed to give any vitality to the scene[2]. I felt that I breathed an atmosphere of sorrow. An air of stern, deep, and irredeemable[3] gloom hung over and pervaded all.

Upon my entrance, Usher arose from a sofa on which he had been lying at full length, and greeted me with a vivacious[4] warmth which had much in it, I at first thought, of an overdone[5] cordiality – of the constrained effort of the *ennuyé*[6] man of the world. A glance, however, at his countenance, convinced me of his perfect sincerity. We sat down; and for some moments, while he spoke not, I gazed upon him with a feeling half of pity, half of awe. Surely, man had never before so terribly altered, in so brief a period, as had Roderick Usher! It was with difficulty that I could bring myself to admit the identity of the wan[7] being before me with the companion of my early boyhood. Yet the character of his face had been at all times remarkable. A cadaverousness[8] of complexion; an eye large, liquid, and luminous beyond comparison; lips somewhat thin and very pallid, but of a surpassingly beautiful curve; a nose of a delicate Hebrew model, but with a breadth of nostril unusual in similar formations; a finely moulded chin, speaking, in its want of prominence, of a want of moral energy; hair of a more than web-like[9] softness and tenuity[10]; these features, with an inordinate[11] expansion[12] above the regions of the temple, made up altogether a countenance[13] not easily to be forgotten.

---

1. **to scatter** : *disperser, éparpiller*.
2. Les livres et les instruments de musique montrent que Roderick Usher vit dans le monde de l'art et des productions de l'esprit.
3. **irredeemable** : *irrémédiable*.
4. **vivacious** [vɪ'veɪʃəs]: *vif, enjoué, animé*.
5. **overdone** : *outré* ; *excessif* ; *fourbu, éreinté*.
6. ***ennuyé*** : cet adjectif est d'un usage inhabituel en anglais ; il a été emprunté au français au XVIIIᵉ siècle, comme le nom ***ennui***, qui est un mot recherché qui exprime *a feeling of boredom and dissatisfaction*.

Des tas de livres et d'instruments de musique étaient éparpillés sur le sol mais ne parvenaient pas à donner vie à la scène. Je sentais que je respirais une atmosphère de chagrin. Un air de tristesse accablante, profonde et incurable planait sur tout et pénétrait tout.

A mon entrée, Usher se leva du canapé sur lequel il était étendu pour m'accueillir chaleureusement et me saluer avec tant d'enthousiasme que j'eus d'abord l'impression d'une cordialité excessive à laquelle se forçait un homme du monde touché par le *spleen*. Mais l'expression de son visage me convainquit de sa parfaite sincérité. Nous nous assîmes et, pendant quelques instants, comme il restait muet, je l'observai avec un sentiment à la fois de pitié et de crainte. A coup sûr, jamais homme n'avait aussi terriblement changé, et en aussi peu de temps, que Roderick Usher ! Ce n'était qu'avec peine que je pouvais consentir à reconnaître dans l'être blême qui se trouvait face à moi le compagnon de mon enfance. Le caractère de sa physionomie avait toujours été remarquable. Un teint cadavéreux, de grands yeux clairs et lumineux à nul autre pareil, des lèvres un peu minces et très pâles, mais admirablement dessinées, un nez délicat, semblable à celui d'un modèle hébraïque, mais avec des narines d'une largeur inhabituelle chez celui-ci, un menton finement découpé, mais dont l'absence de saillant trahissait un manque d'énergie morale, des cheveux plus fins et soyeux que les fils d'une toile d'araignée, ces traits, auxquels il faut ajouter un crâne démesurément développé au-dessus des tempes, composaient une figure qu'il n'était pas facile d'oublier.

---

7. **wan** : 1. *suggestive of poor health*. 2. *lacking vitality*.
8. Cf. *cadaverousness* : *pâleur cadavéreuse*.
9 **web-like** : *pareil à une toile*. Cf. *a web* : *tissu, toile*.
10. **tenuity** : *ténuité, finesse, faiblesse ; qualité grêle* (voix).
11. **inordinate** : *démesuré*. Ex. : **neck of inordinate length**.
12. **expansion** : *développement, expansion, dilatation*.
13. **countenance** : *expression du visage, figure*.

And now in the mere exaggeration of the prevailing[1] character of these features, and of the expression they were wont[2] to convey, lay so much of change that I doubted to whom I spoke. The now ghastly pallor of the skin, and the now miraculous lustre[3] of the eye, above all things startled[4] and even awed me. The silken hair, too, had been suffered to grow all unheeded[5], and as, in its wild gossamer[6] texture, it floated rather than fell about the face, I could not, even with effort, connect its Arabesque expression with any idea of simple humanity.

In the manner of my friend I was at once struck with an incoherence – an inconsistency[7]; and I soon found this to arise from a series of feeble and futile struggles to overcome an habitual trepidancy[8] – an excessive nervous agitation. For something of this nature I had indeed been prepared, no less by his letter, than by reminiscences of certain boyish traits, and by conclusions deduced from his peculiar physical conformation and temperament. His action was alternately vivacious and sullen[9]. His voice varied rapidly from a tremulous[10] indecision (when the animal spirits[11] seemed utterly in abeyance[12]) to that species of energetic concision – that abrupt[13], weighty[14], unhurried[15], and hollow-sounding enunciation – that leaden[16], self-balanced and perfectly modulated guttural utterance, which may be observed in the lost drunkard, or the irreclaimable[17] eater of opium, during the periods of his most intense excitement.

---

1. **prevailing** : *dominant*.
2. **to be wont** [wəʊnt] **to do sth** : *avoir coutume de faire qch*.
3. **lustre** [ˈlʌstəʳ] : *éclat, brillant*.
4. **to startle** [ˈstɑːʳtl] : *effrayer, alarmer*.
5. **unheeded** : *qui ne fait pas attention* ; *négligé, dédaigné*.
6. **gossamer** : *gaze légère, tissu très léger*.
7. **inconsistency** : *inconsistance, contradiction* ; *incompatibilité*.
8. **trepidation** : *agitation violente* ; *tremblement des membres*.
9. **sullen** : *maussade, renfrogné* ; *morne, lugubre*.
10. **tremulous** : *tremblant, chevrotant*.
11. **to be full of animal spirits** : *être plein d'entrain/de vie*.

Mais actuellement, dans la simple exagération du caractère de cette figure et de l'expression qu'elle présentait habituellement, il y avait un tel changement que j'avais des doutes sur l'identité de l'homme à qui je parlais. Désormais la pâleur effroyable de la peau et l'éclat miraculeux de l'œil me donnaient plutôt des frissons et même me terrifiaient. Puis, il avait, par négligence, laissé pousser sa chevelure soyeuse, et, comme ce monstrueux voile arachnéen flottait plutôt qu'il ne tombait autour de sa face, je ne pouvais, même avec de la bonne volonté, trouver dans leurs arabesques rien qui ne rappelât la simple humanité.

Je fus tout de suite frappé par une certaine incohérence, une inconsistance dans les manières de mon ami, et je découvris bientôt que cela provenait d'un effort incessant, aussi faible que futile, pour maîtriser un tremblement habituel, une excessive agitation nerveuse. Je m'attendais bien à quelque chose de ce genre, j'y avais été préparé non seulement par sa lettre, mais aussi par le souvenir de certains traits de son enfance et par des conclusions déduites de sa singulière conformation physique et de son tempérament. Son comportement alternait l'entrain et la mélancolie. Sa voix passait rapidement d'une indécision tremblante, quand il semblait avoir perdu toute sa vitalité, à cette espèce de concision énergique, à cette élocution abrupte, grave, lente et caverneuse, à ce parler guttural, rude, et parfaitement balancé et modulé, qu'on peut observer chez l'ivrogne invétéré ou l'incorrigible mangeur d'opium pendant les périodes de leur plus intense excitation.

---

12. **in abeyance** : *en souffrance, en suspens.*
13. **abrupt** : *brusque, précipité ; saccadé.*
14. **weighty** : *sérieux, grave.*
15. **unhurried** : *lent.* Cf. **to hurry** : *se dépêcher.*
16. **leaden** : *plombé, de plomb ; terne, morne.*
17. **irreclaimable** : *incorrigible, invétéré.* Cf. **reclaimable** : *récupérable ; remboursable ; amendable.* L'opium était au XIXe siècle d'une consommation courante chez les écrivains, notamment les poètes romantiques anglais comme Keats ou Shelley et, bien sûr, Thomas de Quincey, auteur, en 1822, de ***Confessions of an English Opium Eater*** et Charles Baudelaire, qui, dans *Les Paradis artificiels*, évoque les effets de l'opium.

It was thus[1] that he spoke of the object of my visit, of his earnest desire to see me, and of the solace[2] he expected me to afford[3] him. He entered, at some length[4], into what he conceived to be the nature of his malady[5]. It was, he said, a constitutional and a family evil, and one for which he despaired to find a remedy – a mere nervous affection, he immediately added, which would undoubtedly[6] soon pass off. It displayed itself in a host of unnatural sensations. Some of these, as he detailed them, interested and bewildered[7] me; although, perhaps, the terms, and the general manner of the narration had their weight[8]. He suffered much from a morbid acuteness[9] of the senses; the most insipid food was alone endurable; he could wear only garments[10] of certain texture; the odours of all flowers were oppressive[11]; his eyes were tortured by even a faint light; and there were but peculiar sounds, and these from stringed instruments, which did not inspire him with horror[12].

To an anomalous[13] species of terror I found him a bounden[14] slave. "I shall perish," said he, "I *must*[15] perish in this deplorable folly. Thus, thus, and not otherwise, shall I be lost. I dread the events of the future, not in themselves, but in their results. I shudder at the thought of any, even the most trivial, incident, which may operate upon[16] this intolerable agitation of soul. I have, indeed, no abhorrence of danger, except in its absolute effect – in terror.

---

1. **thus** : *ainsi, de cette façon, comme ceci.*
2. **solace** ['sɒləs] (littéraire) : *soulagement, consolation.*
3. **to afford** : *donner, accorder, fournir, offrir.*
4. **at some length** : *assez longuement.*
5. **malady** a ici le sens de ***unwholesome or disordered condition***.
6. **undoubtedly** [ʌn'daʊtɪdlɪ] : *sans aucun doute.*
7. **to bewilder** : *désorienter, égarer, dérouter.*
8. **weight** : *importance.* Cf. ***he has great weight*** : *il a de l'influence.*
9. **acuteness** : *acuité, caractère vague, intensité.*
10. **a garment** : *un vêtement.* N.B. : ***clothes*** s'emploie toujours au pluriel ; pour le singulier : ***a piece/an item of clothing***.
11. **oppressive** : *lourd, entêtant.*

C'est de cette façon qu'il parla de l'objet de ma visite, de son ardent désir de me voir, et du réconfort qu'il attendait de moi. Il s'étendit assez longuement sur ce qu'il croyait être la nature de sa maladie. C'était, disait-il, un mal de famille, un mal constitutionnel, un mal pour lequel il désespérait de trouver un remède, un simple trouble nerveux, ajouta-t-il immédiatement, qui sans doute disparaîtrait bientôt. Il se manifestait par une foule de sensations étranges. Certaines de celles-ci, qu'il me décrivit en détails, m'intéressèrent et me stupéfièrent ; il se peut que les termes qu'il employât et sa manière de raconter y fussent pour beaucoup. Il souffrait vivement d'une acuité morbide des sens ; seule la nourriture insipide lui était supportable ; il ne pouvait porter, en fait de vêtements, que certains tissus ; toutes les odeurs de fleurs le suffoquaient ; le moindre rayon de lumière mettaient ses yeux à la torture ; et il n'y avait que quelques sons particuliers, c'est à dire ceux des instruments à cordes, qui ne lui inspirassent pas d'horreur.

Je m'aperçus qu'il était l'esclave absolu d'une espèce de terreur tout à fait anormale.

— Je périrai, dit-il, il faut que je périsse de cette folie déplorable. C'est ainsi, ainsi et pas autrement, que je me perdrai. Je redoute les événements à venir, non en eux-mêmes, mais par leurs conséquences. Je tremble à la pensée d'un incident quelconque, le plus trivial fût-il, qui pourrait agir sur cette intolérable agitation de l'âme. Je n'ai vraiment pas horreur du danger, si ce n'est dans l'effet le plus funeste qu'il puisse provoquer : la terreur.

---

12. Le trouble mental de Roderick a pour principal symptôme cette hypersensibilité sensorielle décrite ici (goût, odorat, ouïe, toucher, vue), qui le rend incapable de supporter la réalité physique et provoque cette « agitation intolérable de l'âme ». L'hypersensibilité sensorielle peut être provoquée par la consommation de drogues ou être une caractéristique des surdoués ou des autistes.

13. **anomalous** = *deviating from what is normal, usual or expected*.

14. **bounden** ['baʊndən] (archaïque) : (devoir) *impérieux, sacré, absolu*.

15. Notez la différence de sens des deux auxiliaires, ***shall*** indique simplement le futur alors que ***must***, sur lequel l'auteur insiste par la mise en italiques, indique l'inévitabilité, la certitude absolue.

16. **to operate upon** : *agir, produire de l'effet sur*.

In this unnerved[1] – in this pitiable condition – I feel that the period will sooner or later arrive when I must abandon life and reason together, in some struggle with the grim[2] phantasm[3], FEAR."

I learned, moreover, at intervals, and through broken and equivocal hints[4], another singular feature of his mental condition. He was enchained by certain superstitious impressions in regard to the dwelling which he tenanted[5], and whence[6], for many years, he had never ventured forth[7] – in regard to an influence whose supposititious[8] force was conveyed in terms too shadowy here to be re-stated[9] – an influence which some peculiarities in the mere form and substance of his family mansion, had, by dint of long sufferance, he said, obtained over his spirit – an effect which the *physique*[10] of the grey walls and turrets[11], and of the dim[12] tarn into which they all looked down, had, at length, brought about upon the *morale*[13] of his existence.

He admitted, however, although with hesitation, that much of the peculiar gloom which thus afflicted him could be traced to a more natural and far more palpable[14] origin – to the severe and long-continued illness – indeed to the evidently approaching dissolution[15] – of a tenderly beloved sister – his sole companion for long years – his last and only relative on earth. "Her decease," he said, with a bitterness[16] which I can never forget, "would leave him (him the hopeless[17] and the frail) the last of the ancient race of the Ushers.

---

1. **unnerved** : *qui a perdu son courage, son assurance*; *démonté*.
2. **grim** : *menaçant, sinistre, macabre*.
3. **phantasm** : *chimère, illusion*; *spectre*; *apparition*.
4. **a hint** : *insinuation, allusion*. Cf. **to hint at sth** : *faire allusion à qch*.
5. **to tenant** : *habiter comme locataire*. Cf. **a tenant** : *un locataire*.
6. **whence** (littéraire) : *d'où*.
7. **to venture forth** : *se risquer, s'aventurer*.
8. **supposititious** [ˌsʌpəˈzɪʃəs] = ***imaginary***; **based on a supposition** : *faux, supposé*.
9. **to re-state** : *exposer de nouveau, spécifier de nouveau*. Le préfixe **re–** sert, comme en français, à indiquer la répétition.
10. **physique** : *physique, apparence*. S'utilise normalement uniquement

Dans cet état d'énervation, état pitoyable, je sens que tôt ou tard le moment viendra où la raison et la vie m'abandonneront à la fois, dans quelque lutte inégale avec ce spectre hideux : la PEUR !

J'appris, en outre, par intervalles, et à travers des confidences et des sous-entendus lâchés par-ci, par-là, une autre particularité de son état mental. Il était dominé par certaines impressions superstitieuses relatives au manoir qu'il habitait, et d'où il n'avait pas osé sortir depuis des années, eu égard à une influence dont il m'expliqua la force supposée en termes trop obscurs pour être rapportés ici, une influence que quelques particularités dans la forme même et dans la matière de sa maison de famille avaient, à force de souffrances, disait-il, imprimée sur son esprit, un effet que le physique des murs gris, des tourelles et de l'étang sombre où se mirait tout le bâtiment, avait, à la longue, produit sur le moral de son existence.

Il admettait toutefois, mais non sans hésitation, qu'une bonne part de la mélancolie singulière dont il était affligé, pouvait être attribuée à une origine plus naturelle et plus palpable, à la longue et cruelle maladie, en vérité, à la probable disparition prochaine d'une sœur tendrement aimée, sa seule société depuis de longues années, le seul et dernier membre de sa famille qui fût encore en vie.

— Son décès, dit-il, avec une amertume que je n'oublierai jamais, ferait de moi, le frêle et le désespéré, le dernier représentant de l'ancienne race des Usher.

---

pour les personnes. Son utilisation ici, souligné par les italiques, illustre la personnalisation du bâtiment, doté de pouvoirs maléfiques.

11. **turret** ['tʌrɪt] : *tourelle, clocheton*.

12. **dim** : *sombre*.

13. **morale** [məˈrɑːl] : *le moral*. La *morale* se dit **morals** ['mɒrəlz].

14. **palpable** : *palpable* ; *manifeste, clair, évident*.

15. **his approaching dissolution** : *sa mort prochaine*. Le mot dissolution nous donne l'impression qu'il s'agit purement d'un phénomène physique, comme si c'était le résultat d'une expérience de chimie.

16. **bitterness** : *amertume, rancœur, acrimonie*.

17. **hopeless** : *désespéré* ; *inconsolable*.

"While he spoke, the lady Madeline (for so was she called) passed slowly through a remote[1] portion of the apartment, and, without having noticed my presence, disappeared. I regarded her with an utter astonishment not unmingled[2] with dread[3] – and yet I found it impossible to account for such feelings. A sensation of stupor oppressed me, as my eyes followed her retreating steps[4]. When a door, at length, closed upon her, my glance sought instinctively and eagerly[5] the countenance of the brother – but he had buried his face in his hands, and I could only perceive that a far more than ordinary wanness had overspread the emaciated fingers through which trickled[6] many passionate tears.

The disease of the lady Madeline had long baffled[7] the skill of her physicians[8]. A settled[9] apathy, a gradual wasting[10] away of the person, and frequent although transient[11] affections of a partially cataleptical[12] character, were the unusual diagnosis. Hitherto[13] she had steadily borne up against[14] the pressure of her malady, and had not betaken herself[15] finally to bed; but, on the closing in of the evening of my arrival at the house, she succumbed (as her brother told me at night with inexpressible agitation) to the prostrating[16] power of the destroyer; and I learned that the glimpse[17] I had obtained of her person would thus probably be the last I should obtain – that the lady, at least while living, would be seen by me no more.

---

1. **remote** : *éloigné, écarté, lointain.*

2. **unmingled** : *pur, sans mélange, exempt de.*

3. **dread** [dred] : *crainte, terreur, épouvante.*

4. **retreating steps** : *pas qui s'éloignent.*

5. **eagerly** ['iːgərlɪ] : *ardemment, passionnément, avec empressement, avidement.*

6. **to trickle from** : *s'écouler de* ; **to trickle down** : *dégouliner le long de.*

7. **to baffle** : *confondre* ; *déconcerter* ; *mettre en défaut.*

8. Cette information nous donne l'idée que cette maladie, que la science ne peut expliquer, est du domaine du surnaturel.

9. **settled** a ici le sens de *fixe, enracinée* ; *durable, persistante.*

10. **waste away** a ici le sens de *dépérir* ; *s'affaiblir à vue d'œil.*

11. **transient** ['trɑːnzɪənt] : *transitoire, passager, éphémère.*

Pendant qu'il parlait, Lady Madeline, c'est ainsi qu'elle se nommait, passa lentement à l'autre bout de la pièce, et disparut sans avoir remarqué ma présence. Je la regardai avec un étonnement absolu, où se mêlait quelque terreur ; mais il me sembla impossible d'expliquer ces sentiments. Une sensation de stupeur m'envahit en la regardant s'éloigner. Lorsque, enfin, une porte se fut fermée sur elle, mon regard se retourna instinctivement et avidement vers le visage de son frère ; mais il avait enfoui la face dans les mains et je pus seulement voir qu'une pâleur, plus grande encore qu'à l'ordinaire, avait gagné les doigts décharnés, entre lesquels coulait une pluie de larmes passionnées.

La maladie de Lady Madeline était toujours restée une énigme pour la science de ses médecins. Une apathie persistante, un dépérissement progressif du malade, et des crises fréquentes, quoique passagères, d'un caractère presque cataleptique, en étaient les diagnostics très singuliers. Jusque-là, elle avait bravement résisté aux assauts de sa maladie et ne s'était pas encore résignée à prendre le lit ; mais le jour de mon arrivée au château, en fin de soirée, elle succomba, comme son frère me le dit dans la nuit avec une agitation inexprimable, au pouvoir destructeur du mal, et j'appris que le regard que j'avais jeté sur elle serait probablement le dernier, et que je ne verrais plus la dame, du moins tant qu'elle serait encore en vie.

---

12. On appelle catalepsie une suspension complète du mouvement volontaire des muscles, une sorte de léthargie, paralysie. On dit « tomber en catalepsie », c'est-à-dire se figer en pleine action, comme une statue. Ce symptôme psychiatrique se manifeste dans la schizophrénie, l'hystérie ou certains états hypnotiques. Le patient garde cette position si longtemps qu'il donne l'impression d'être passé à l'état de cadavre.

13. **hitherto** : *jusqu'à présent*.

14. **to bear up against** : *faire face, tenir tête (à)* ; *ne pas se laisser abattre (par)*.

15. **to betake oneself to** (littéraire) : *se transporter* ; *se rendre à*.

16. **to prostrate** : *coucher* ; *abattre, renverser*.

17. **glimpse** : *vision momentanée, aperçu*.

For several days ensuing, her name was unmentioned by either Usher or myself: and during this period I was busied[1] in earnest[2] endeavours[3] to alleviate[4] the melancholy of my friend. We painted and read together; or I listened, as if in a dream, to the wild[5] improvisations of his speaking guitar. And thus, as a closer and still intimacy admitted me more unreservedly[6] into the recesses of his spirit, the more bitterly did I perceive the futility of all attempt at cheering a mind from which darkness, as if an inherent positive quality, poured forth[7] upon all objects of the moral and physical universe, in one unceasing radiation of gloom.

I shall ever bear about[8] me a memory of the many solemn[9] hours I thus spent alone with the master of the House of Usher. Yet I should fail in any attempt to convey an idea of the exact character of the studies, or of the occupations, in which he involved me, or led me the way. An excited and highly distempered[10] ideality[11] threw a sulphureous lustre[12] over all. His long improvised dirges[13] will ring forever in my ears. Among other things, I hold painfully in mind a certain singular perversion and amplification of the wild air of the last waltz of Von Weber[14]. From the paintings over which his elaborate fancy brooded[15], and which grew, touch by touch, into vaguenesses[16] at which I shuddered the more thrillingly[17], because I shuddered knowing not why;

---

1. **to busy** ['bɪzɪ] = ***to make busy*** : *occuper*.
2. **earnest** ['ɛːʳnɪst] = ***grave, important***.
3. **an endeavour** [ˌenˈdevəʳ] : *effort, tentative*.
4. **to alleviate** [əˈliːvɪeɪt] : *alléger, soulager*.
5. **wild** : *impétueux, frénétique*.
6. **unreservedly** : *sans réserve, franchement* ; *à cœur ouvert* ; *sans restriction* ; *entièrement*.
7. **to pour** [pɔːʳ] **forth** (*se déverser*) s'utilise, comme c'est le cas ici, dans une langue littéraire et au sens figuré, pour des sentiments (*épancher*).
8. **to bear about** : *porter, supporter*.
9. **solemn** : *grave*.
10. **to distemper** (archaic) = ***to derange***.

Pendant les quelques jours qui suivirent, son nom ne fut prononcé ni par Usher ni par moi et durant cette période je m'efforçai sans relâche d'apaiser la mélancolie de mon ami. Nous nous adonnâmes ensemble à la peinture et à la lecture, ou bien j'écoutais, comme dans un rêve, ses drôles d'improvisations sur son éloquente guitare. Et ainsi, à mesure qu'une intimité de plus en plus grande m'ouvrait sans réticence les profondeurs de son âme, je me rendais compte avec amertume combien était futile toute tentative pour ranimer un esprit, d'où la noirceur, comme une qualité qui lui aurait été inhérente, déversait sur tous les objets de l'univers physique et moral, un flot continu de tristesse.

Je garderai toujours en moi le souvenir de toutes les heures graves que j'ai passées seul avec le maître de la maison Usher. Mais je ne parviendrais pas à donner une idée précise du caractère exact des études ou des occupations auxquelles il m'associait et m'initiait. Une idéalité ardente et très tourmentée, donnait un éclat sulfureux à tout cela. Ses longues et funèbres improvisations résonneront éternellement dans mes oreilles. Entre autres choses, je garde toujours douloureusement à l'esprit la façon bizarre, à la fois emphatique et perverse, dont il interpréta l'air, déjà fort étrange, de la dernière valse de von Weber. Quant aux tableaux, fruits des divagations de son imagination débridée, et qui arrivaient, touche par touche, à un vague qui me faisait frémir d'autant plus fort que je frémissais sans savoir pourquoi ;

---

11. On appelle *idéalité* (**ideality**) ce qui n'existe que dans l'imagination.
12. **to throw a lustre** : *jeter un éclat*.
13. **dirge** [dɜːrdʒ] : *chant funèbre*.
14. Il s'agit de **Carl Maria von Weber** (1786-1826), compositeur allemand de musique romantique et, probablement, de son *Invitation à la valse*, célèbre morceau pour piano, datant de 1819. Cette référence musicale nous rappelle que la présente nouvelle servit d'inspiration à Debussy pour un court opéra inachevé.
15. **to brood** : *ruminer, broyer du noir*.
16. **vagueness** : *imprécision, indistinction*.
17. **thrillingly** : *de façon émouvante*.

– from these paintings (vivid[1] as their images now are before me) I would in vain endeavour to educe[2] more than a small portion which should lie within the compass[3] of merely written words. By the utter simplicity, by the nakedness of his designs, he arrested[4] and overawed[5] attention. If ever mortal painted an idea, that mortal was Roderick Usher. For me at least – in the circumstances then surrounding me – there arose out of the pure abstractions which the hypochondriac[6] contrived[7] to throw upon his canvas, an intensity of intolerable awe, no shadow of which felt I ever yet in the contemplation of the certainly glowing yet too concrete reveries of Fuseli[8].

One of the phantasmagoric conceptions of my friend, partaking[9] not so rigidly of the spirit of abstraction, may be shadowed forth[10], although feebly, in words. A small picture presented the interior of an immensely long and rectangular vault or tunnel, with low walls, smooth, white, and without interruption or device. Certain accessory points of the design served well to convey the idea that this excavation lay at an exceeding depth below the surface of the earth. No outlet was observed in any portion of its vast extent[11], and no torch, or other artificial source of light was discernible; yet a flood of intense rays rolled throughout, and bathed the whole in a ghastly and inappropriate[12] splendour[13].

---

1. **vivid** : *vif, éclatant, très net.*
2. **to educe** : *dégager, faire sortir, extraire ; induire, inférer.*
3. **within the compass** : *dans l'espace de ; à la portée de ; dans l'étendue.*
4. **to arrest attention** : *retenir l'attention.*
5. **to overawe** : *intimider ; en imposer à.*
6. L'hypocondrie est une inquiétude excessive par rapport à la santé où toutes les sensations sont interprétées comme les symptômes d'une maladie.
7. **to contrive** [kən'traɪv] : *inventer ; concevoir ; imaginer.*
8. **Henry Fuseli** (1745-1825) était un peintre britannique d'origine suisse allemande. Ses tableaux mettent souvent en scène des éléments surnaturels

quant à ces peintures, dont je revois encore très nettement les images, j'essayerais en vain d'évoquer davantage que la petite partie que de simples mots couchés sur le papier parviendraient à décrire. Par l'absolue simplicité, par le dépouillement de ses dessins, il arrêtait, il subjuguait l'attention. Si jamais mortel peignit une idée, ce mortel fût Roderick Usher. Pour moi, du moins, dans les circonstances où je me trouvais alors, il s'élevait, des pures abstractions que l'hypocondriaque s'ingéniait à jeter sur sa toile, une terreur intense, intolérable et dont je n'avais encore jamais senti l'ombre dans la contemplation des rêveries de Fuseli lui-même, brillantes sans doute, mais encore trop concrètes.

Il est une des conceptions fantasmagoriques de mon ami qui ne participait pas aussi strictement à cet esprit d'abstraction et dont je puis, peut-être, par les mots, faire une pâle esquisse. C'était un petit tableau qui représentait l'intérieur d'une cave ou d'un souterrain extrêmement long, rectangulaire, bas de plafond, avec des murs lisses et blancs, sans aucun ornement ni interruption. Certains détails accessoires de la composition servaient à faire comprendre que cette galerie se trouve à une très grande profondeur en dessous de la surface de la terre. On n'apercevait aucune issue le long de son interminable parcours et l'on ne discernait aucune torche, aucune source artificielle de lumière ; et pourtant un flot de rayons lumineux y coulait de part en part et baignait le tout d'une splendeur épouvantable et incongrue.

---

et l'un de ses plus célèbres est *Le Cauchemar*. Il est aussi très connu pour ses nombreux dessins et croquis dans lesquels, souvent, il exagère les proportions de certains éléments et représente des personnages dans des positions contorsionnées.

9. **to partake** : *partager ; prendre part à.*
10. **to shadow sth forth** : *faire pressentir, indiquer faiblement, symboliser.*
11. **extent** : *étendue.*
13. **inappropriate** : *impropre ; déplacé, qui ne convient pas.*
14. **splendour** : *éclat ; splendeur ; manificence.*

I have just spoken of that morbid[1] condition of the auditory nerve which rendered all music intolerable to the sufferer, with the exception of certain effects of stringed instruments[2]. It was, perhaps, the narrow limits to which he thus confined himself upon the guitar, which gave birth, in great measure, to the fantastic character of his performances. But the fervid *facility*[3] of his *impromptus*[4] could not be so accounted for. They must have been, and were, in the notes, as well as in the words of his wild fantasias[5] (for he not unfrequently accompanied himself with rhymed verbal improvisations), the result of that intense mental collectedness[6] and concentration[7] to which I have previously alluded as observable only in particular moments of the highest artificial excitement[8]. The words of one of these rhapsodies I have easily remembered. I was, perhaps, the more forcibly[9] impressed with it, as he gave it, because, in the under or mystic current[10] of its meaning, I fancied that I perceived, and for the first time, a full consciousness on the part of Usher, of the tottering[11] of his lofty reason upon her throne[12]. The verses, which were entitled "The Haunted Palace[13]," ran very nearly, if not accurately, thus:

---

1. **morbid** : *morbide, malsain, maladif*.
2. **stringed instruments** = *string instruments*.
3. **facility** = *ease in performance*.
4. **impromptu** = *a musical composition suggesting improvisation*. C'est le mot français qui est utilisé et donc mis ici en italiques.
5. **a fantasia** = *a free usually instrumental composition not in strict form*. En musique classique une fantaisie est une composition de forme assez libre. Bach, Mozart et Liszt, entre autres, ont composé des fantaisies pour orgue et pour piano.
6. **collectedness** : *recueillement* ; *sang-froid*.

J'ai dit un mot du trouble du nerf auditif, qui rendait au malheureux toute musique intolérable, à l'exception de certains sons d'instruments à cordes. Ce fut, peut-être, le fait qu'il dût se limiter à la seule pratique de la guitare qui donna, en grande partie, un aspect fantastique à ses exécutions. Mais cela ne permettait pas d'expliquer la passion et la facilité de ses improvisations. Il fallait évidemment qu'elles fussent et elles étaient, dans les notes aussi bien que dans les paroles de ses folles fantaisies, car il n'était pas rare qu'il accompagnât sa musique de paroles improvisées et rimées, le résultat de cet intense recueillement et de cette concentration des forces mentales, qui ne se manifestent, comme je l'ai déjà dit, que dans les cas particuliers de la plus haute excitation artificielle. D'une de ces rhapsodies je me suis rappelé facilement les paroles. Peut-être m'impressionna-t-elle plus fortement, quand il la chanta, parce que dans le sens profond et mystérieux de l'œuvre je crus découvrir pour la première fois que Usher avait pleine conscience que sa noble raison chancelait sur son trône. Ces vers, qui étaient intitulés *Le Palais hanté*, étaient, à très peu de choses près, tels que je les cite :

---

7. **concentration** : *concentration, application.*
8. **excitement** : *surexcitation* ; *agitation, vive émotion* ; *trouble.*
9. **forcibly** : *par force, de force* ; *énergiquement, vigoureusement.*
10. **under current** : *courant de fond, courant profond.*
11. **to totter** : *chanceler, tituber, trébucher.*
12. **throne** [θrəʊn] : *trône.*
13. *Le Palais hanté* est présenté comme étant l'œuvre du personnage Roderick Usher ; c'est une œuvre dans l'œuvre. Ce poème sert de base au premier mouvement, *Adagio*, de la Première Symphonie de Joseph Holbrooke.

I

In the greenest of our valleys,
By good angels tenanted,
Once fair[1] and stately[2] palace –
Radiant palace – reared[3] its head.
In the monarch Thought's dominion –
It stood there!
Never seraph[4] spread a pinion[5]
Over fabric half so fair.

II

Banners yellow, glorious, golden,
On its roof did float and flow;
(This – all this – was in the olden[6]
Time long ago)
And every gentle air that dallied[7],
In that sweet day,
Along the ramparts plumed[8] and pallid[9],
A winged odour went away.

III

Wanderers[10] in that happy valley
Through two luminous windows saw
Spirits moving musically
To a lute's well-tuned law,
Round about a throne, where sitting
(Porphyrogene[11]!)
In state his glory well befitting[12],
The ruler of the realm was seen.

---

1. **fair** a ici le sens de *beau* et pas celui de *juste*. Cf. ***the fair sex*** : *le beau sexe*.

2. **stately** : *majestueux*.

3. **rear** est ici un verbe transitif qui a le sens de *dresser* et peut aussi signifier *élever*. Ex. : ***to rear children***. Il peut aussi être intransitif et signifier *se dresser* ; cf. ***the horse reared up*** : *le cheval se cabra*.

4. **seraph** ['serəf] = ***one of the six-winged angels standing in the presence of God***. Donne au pluriel **seraphs** ou **seraphim**.

5. **pinion** désigne précisément le bout de l'aile d'un oiseau et par extension l'aile elle-même. Le mot vient du latin *pinna*, qui a également donné le mot ***pen***.

6. **olden** (littéraire et poétique) : *d'autrefois, de jadis*.

7. **to dally** : *folâtrer, badiner* ; *flirter, baguenauder, s'attarder*.

I

Dans la plus verte de nos vallées,
Par les bons anges habitée,
Jadis un beau et noble palais,
S'élevait, radieux, au-dessus des cités.
Sur les terres du roi Pensée
Il se dressait fièrement !
Jamais séraphin n'a son aile déployé
Sur un si beau bâtiment.

II

Bannières glorieuses ornées d'or et de lys
Sur son toit claquaient et flottaient
(Tout cela se passait au temps jadis
Il y a de très nombreux étés.)
Et chaque fois que le vent se faufilait
En cette belle journée,
Sur les pâles remparts crénelés,
Un parfum ailé en émanait.

III

Les voyageurs, dans cette heureuse vallée,
Voyaient par deux fenêtres éclairées,
Des esprits qui déambulaient
Au rythme d'un luth bien accordé,
Tout autour du trône où il siégeait
(Un vrai Porphyrogénète c'était !)
Dans un apparat à sa gloire adjugé,
Le maître du royaume apparaissait.

---

8. **plumed** : *empanaché, garni de plumes.*
9. **pallid** : *pâle, décoloré, blafard.*
10. **wanderer** : *vagabond, voyageur.*
11. Le mot « porphyrogénète » vient du grec et signifie « né dans la pourpre ». C'est un surnom attribué aux empereurs byzantins nés alors que leur père était empereur. Le mot a pour origine les blocs de porphyre pourpre qui garnissaient la chambre où accouchaient les femmes de la famille impériale.
12. **to befit** : convenir, seoir. Cf. ***befitting*** : *convenable, seyant.* Cf. ***to live in state*** : *mener grand train.* Ex. : ***he lived in a state befitting his state*** : *il vivait sur un pied digne de son rang.*

IV

And all with pearl[1] and ruby[2] glowing
Was the fair palace door,
Through which came flowing, flowing, flowing
And sparkling[3] evermore[4],
A troop of Echoes[5] whose sweet duty
Was but to sing,
In voices of surpassing beauty,
The wit and wisdom of their king.

V

But evil things, in robes of sorrow[6],
Assailed[7] the monarch's high estate[8];
(Ah, let us mourn, for never morrow
Shall dawn upon him, desolate!)
And, round about his home, the glory
That blushed[9] and bloomed[10]
Is but a dim-remembered story
Of the old time entombed[11].

VI

And travellers now within that valley,
Through the red-litten[12] windows, see
Vast forms that move fantastically[13]
To a discordant[14] melody;
While, like a rapid ghastly river,
Through the pale door,
A hideous throng[15] rush out forever,
And laugh – but smile no more.

---

1. **pearl** (*perle*) peut avoir le sens de ***mother of pearl*** (*nacre*).
2. Le rubis est une pierre précieuse rouge foncé.
3. **to sparkle** : *étinceler, briller*.
4. **evermore** = ***forever, always*** : *toujours*.
5. **Echo** = *a nymph in Greek mythology who pines away for love of Narcissus until nothing is left of her but her voice*.
6. **sorrow** : *douleur, chagrin*.
7. **to assail** [ə'seɪl] : *assaillir, attaquer*.
8. **estate** [ɪ'steɪt] : *terre, bien, propriété*; *château*. Cf. ***estate agency*** : *agence immobilière*.

IV

Et de nacre et de rubis étincelait
La porte du palais
Par laquelle à torrents s'écoulait
Et sans cesse pétillait
Une troupe d'Échos dont le devoir était
Tout simplement de chanter
Avec une voix d'une exquise beauté
L'esprit et la sagesse de leur Majesté.

V

Mais les êtres de malheur, en robes de deuil,
Ont assailli le monarque sur son trône sacré
Ah ! Pleurons ! Car jamais plus un œil
Ne verra le soleil briller sur lui, l'infortuné !
Et tout autour de sa demeure, la gloire
Qui jadis s'empourpra et s'épanouit
N'est plus qu'un vague souvenir, une histoire
Que le temps passé a enfoui.

VI

Et vous qui maintenant dans cette vallée passez
A travers les fenêtres rougeoyantes voyez
De vastes ombres fantastiques se trémousser
Aux sons d'une discordante mélopée ;
Tandis que, comme un lugubre torrent,
On voit par la porte surgir
Une foule hideuse qui se rue éternellement
En éclatant de rire, ne pouvant plus sourire.

---

9. **to blush** : *rougir* ; *rosir*.
10. **to bloom** : *fleurir* ; *resplendir*.
11. **to entomb** [ɪn'tuːm] : *mettre au tombeau, ensevelir*.
12. **litten** ['lɪtən] est une forme archaïque de **lit**, le participe passé du verbe **light** (*allumer, éclairer*).
13. **fantastically** : *capricieusement, de manière fantastique*.
14. **discordant** : *discordant, peu harmonieux*.
15. **throng** = ***a multitude of assembled people, a crowd.***

I well remember that suggestions arising from this ballad led us into a train of thought[1] wherein[2] there became manifest an opinion of Usher's which I mention not so much on account of its novelty, (for other men have thought thus,) as on account of the pertinacity[3] with which he maintained[4] it. This opinion, in its general form, was that of the sentience[5] of all vegetable[6] things. But, in his disordered[7] fancy, the idea had assumed a more daring[8] character, and trespassed[9], under certain conditions, upon the kingdom of inorganization[10]. I lack words to express the full extent, or the earnest abandon of his persuasion[11]. The belief, however, was connected (as I have previously hinted) with the grey stones of the home of his forefathers. The conditions of the sentience had been here, he imagined, fulfilled in the method of collocation[12] of these stones – in the order of their arrangement, as well as in that of the many fungi which overspread them, and of the decayed trees which stood around – above all, in the long undisturbed endurance[13] of this arrangement, and in its reduplication[14] in the still waters of the tarn. Its evidence – the evidence of the sentience – was to be seen, he said (and I here started as he spoke), in the gradual yet certain condensation of an atmosphere of their own about the waters and the walls. The result was discoverable, he added, in that silent, yet importunate[15] and terrible influence which for centuries had moulded[16] the destinies of his family, and which made him what I now saw him – what he was[17]. Such opinions need no comment, and I will make none.

---

1. **a chain of thoughts** : *chaîne (enchaînement) d'idées.*

2. **wherein** (littéraire) : *en quoi, dans lequel.*

3. **pertinacity** = ***pertinaciousness*** : *obstination, entêtement ; opiniâtreté.*

4. **maintain** : *soutenir, prétendre.*

5. **sentience** : *perception par les sens.* Cf. ***sentient*** : *doué de sensation(s).*

6. **vegetable** : *végétal ; légume.* Cf. ***vegetable life*** : *vie végétale.*

7. **disordered** : *dérangé, troublé.* Cf. ***disordered imagination*** : *imagination délirante.*

8. **daring** : *audacieux, hardi, téméraire.*

9. **trespass** : *transgresser ; violer, enfreindre ; empiéter ; abuser.* Cf. ***Trespassers will be prosecuted*** : *défense d'entrer.*

Je me rappelle fort bien que les idées inspirées par cette ballade en amenèrent toute une série d'autres, au milieu desquelles se manifesta une opinion de Usher que je cite, non pas tant en raison de sa nouveauté, car d'autres hommes ont pensé de même, qu'à cause de l'opiniâtreté avec laquelle il la soutenait. Cette opinion, dans sa forme générale, n'était autre que la croyance à la sensibilité de tous les végétaux. Mais, dans son imagination déréglée, l'idée avait pris un caractère encore plus audacieux, et empiétait, d'une certaine manière, jusque dans le monde inorganique. Les mots me manquent pour exprimer toute l'étendue, la force et l'irrationalité de cette conviction. Cette croyance, toutefois, provenait, comme je l'ai déjà donné à entendre, des pierres grises du manoir de ses ancêtres. Ici, les conditions de cette sensibilité étaient remplies, à ce qu'il imaginait, par la méthode qui avait présidé à la construction, par la disposition respective des pierres, aussi bien que par toutes les fongosités dont elles étaient revêtues, et des arbres morts qui se trouvaient tout autour, mais surtout par l'immuabilité de cet assemblage et l'effet de miroir dans les eaux dormantes de l'étang. La preuve, la preuve de cette sensibilité se faisait voir, disait-il, et ses paroles me firent frémir, dans la condensation graduelle mais néanmoins évidente d'une atmosphère particulière autour des eaux et des murs. Ses effets, ajoutait-il, étaient visibles par l'influence muette, mais néfaste et terrible qui, depuis des siècles avait forgé les destinées de sa famille, et qui le faisait, lui, tel que je le voyais maintenant, tel qu'il était. De pareilles idées n'ont pas besoin de commentaires, et je n'en ferai pas.

---

10. **inorganization** = ***unorganized condition***.

11. **persuasion** : *conviction* ; *croyances religieuses*.

12. **collocation** = ***the act or result of placing together*** : *arrangement, alliance* ; *juxtaposition*.

13. **endurance** [ɪn'djʊərəns] a ici le sens de ***permanence***.

14. **reduplication** : *redoublement* ; *répétition*.

15. **importunate** : *importun, ennuyeux*.

16. **mould** [məʊld] : *mouler* ; *façonner*.

17. Illustration de la théorie selon laquelle l'environnement a une influence déterminante sur les gens, sur leur psychologie, leur physique et leur destinée.

Our books – the books which, for years, had formed no small portion of the mental existence of the invalid – were, as might be supposed, in strict keeping with this character[1] of phantasm. We pored together over[2] such works as the *Ververt et Chartreuse* of Gresset[3]; the *Belphegor*[4] of Machiavelli; the *Heaven and Hell* of Swedenborg[5]; the *Subterranean Voyage of Nicholas Klimm* by Holberg[6]; the *Chiromancy*[7] of Robert Flud, of Jean D'Indagine, and of De la Chambre; the *Journey into the Blue Distance* of Tieck[8]; and the *City of the Sun* of Campanella[9]. One favourite volume was a small octavo edition of the *Directorium Inquisitorum* by the Dominican Eymeric de Gironne[10]; and there were passages in *Pomponius Mela*[11], about the old African Satyrs[12] and Ægipans[13], over which Usher would sit dreaming for hours. His chief delight, however, was found in the perusal[14] of an exceedingly rare and curious book in quarto Gothic – the manual of a forgotten church – the *Vigilae Mortuorum secundum Chorum Ecclesiae Maguntinae*.

I could not help thinking of the wild ritual of this work, and of its probable influence upon the hypochondriac, when, one evening, having informed me abruptly that the lady Madeline was no more, he stated his intention of preserving her corpse for a fortnight, (previously to its final interment,) in one of the numerous vaults within the main walls of the building.

---

1. **character** désigne ici l'ensemble des particularités.

2. **to pore over a book** : *s'absorber dans la lecture d'un livre*.

3. **Jean Baptiste Gresset** (1709-1777) est un poète et dramaturge français. *Vertvert ou Les Voyages du perroquet de Nevers* (1734), considéré comme son chef-d'œuvre, est un poème comique qui eut beaucoup de succès à son époque. *La Chartreuse* (1734) est une pièce poétique philosophique, une épître.

4. *Belphégor l'archidiable* est une fable que Machiavel publia en 1518 et qui inspira La Fontaine pour l'une de ses fables que Fragonard illustra.

5. **Emmanuel Swedenborg** (1688-1772) est un théologien et philosophe suédois qui eut, à la fin de sa vie, des visions mystiques dans lesquelles il discutait avec des anges et des esprits. Dans le livre cité ici, il explique que le ciel et l'enfer sont d'abord des états d'âme et qu'après la mort l'homme passe par le monde des esprits avant de choisir d'aller au ciel ou en enfer.

6. **Ludvig Holberg** (1684-1754), né en Norvège mais ayant passé la majeure partie de sa vie au Danemark, a publié ce roman fantastique en 1741.

Nos livres, les livres qui depuis des années avaient nourri l'activité intellectuelle du malade, étaient, comme on le suppose bien, en accord parfait avec ce genre d'illusion. Nous étudions ensemble des ouvrages tels que le *VertVert* et *La Chartreuse* de Gresset; le *Belphégor*, de Machiavel; *Les Merveilles du Ciel et de l'Enfer*, de Swedenborg; *Le Voyage souterrain de Nicholas Klimm*, de Holberg; *La Chiromancie*, de Robert Flud, Jean d'Indaginé et De La Chambre; *Le Voyage dans le Bleu*, de Tieck, et *La Cité du Soleil*, de Campanella. Un de ses volumes favoris était une petite édition in-octavo du *Directorium Inquisitorium*, par le dominicain Eymeric de Gironne; et il pouvait rester des heures à méditer sur des passages de *Pomponius Mela*, à propos des anciens satyres africains et des ægipans. Il faisait néanmoins ses principales délices de la lecture d'un in-quarto gothique excessivement rare et curieux – le manuel d'une église oubliée, les *Vigiliae Mortuorum Secundum Chorum Ecclesiae Maguntinae*.

Je songeais malgré moi à l'étrange rituel qu'évoquait ce livre et son influence probable sur l'hypocondriaque, quand, un soir, m'ayant informé brutalement que Lady Madeline n'était plus de ce monde, il manifesta son intention de conserver le corps pendant une quinzaine, en attendant l'enterrement définitif dans un des nombreux caveaux situés dans l'enceinte du château.

---

7. La chiromancie est une pratique consistant à interpréter les lignes de la main pour deviner la personnalité et l'avenir d'un individu.

8. **Johan Ludwig Tieck** (1773-1853) est un poète allemand, initiateur du premier romantisme.

9. Ce livre de **Tommaso Campanella** (1588-1639), moine et philosophe italien, publié en 1623, est une utopie de république fondée sur la raison et l'amour de Dieu.

10. Ce manuel des inquisiteurs est l'œuvre de **Nicolau Eimeric** (1320-1399), inquisiteur général de Catalogne, quand il était chapelain du pape à Avignon en 1376.

11. **Pomponius Mela**, qui vécut au Ier siècle, est le plus ancien géographe romain.

12. Dans la mythologie grecque, le satyre est un être mi-homme mi-cheval qui accompagne Dionysos et poursuit les ménades et les jeunes filles de ses ardeurs.

13. Dans la mythologie gréco-romaine, l'*Ægipan* (*faune* ou *chèvre-pied*) était une divinité champêtre, mi-homme mi-chèvre.

14. **perusal** : *lecture* (attentive).

The worldly[1] reason, however, assigned[2] for this singular proceeding, was one which I did not feel at liberty to dispute[3]. The brother had been led to his resolution (so he told me) by consideration of the unusual character of the malady of the deceased, of certain obtrusive[4] and eager[5] inquiries[6] on the part of her medical men, and of the remote and exposed situation of the burial-ground of the family. I will not deny that when I called to mind the sinister countenance of the person whom I met upon the stair case, on the day of my arrival at the house, I had no desire to oppose what I regarded as at best but a harmless, and by no means an unnatural[7], precaution.

At the request of Usher, I personally aided him in the arrangements for the temporary entombment[8]. The body having been encoffined[9], we two alone bore[10] it to its rest. The vault in which we placed it (and which had been so long unopened that our torches, half smothered in its oppressive atmosphere, gave us little opportunity for investigation) was small, damp, and entirely without means of admission for light; lying, at great depth, immediately beneath that portion of the building in which was my own sleeping apartment. It had been used, apparently, in remote feudal times, for the worst purposes[11] of a donjon-keep[12], and, in later days, as a place of deposit for powder, or some other highly combustible substance, as a portion of its floor, and the whole interior of a long archway[13] through which we reached it, were carefully sheathed[14] with copper.

---

1. **worldly** = *relating to the human world and ordinary life rather than to religious or spiritual matters.*
2. **assigned** : *assigné ; donné ; attribué.*
3. **dispute** : *discussion, contestation ; controverse.*
4. **obtrusive** : *importun ; indiscret.*
5. **eager** ['iːgəʳ] : *âpre ; avide ; vif.*
6. **inquiry** [ɪnˈkwaɪəʳ] : *enquête, recherche, investigation.*
7. **unnatural** : *anormal ; contre nature ; monstrueux.*
8. **entombment** : *ensevelissement ; sépulture ; mise au tombeau.*

La raison tangible qu'il donnait à cette singulière manière d'agir était une de ces raisons que je ne me sentais pas en droit de contester. En tant que frère, me disait-il, il avait pris cette résolution en considération du caractère tout à fait inhabituel de la maladie de la défunte, d'une certaine curiosité, vive et intempestive de la part des médecins, et de la situation éloignée et fort exposée du caveau de famille. J'avouerai que, quand je me rappelai la physionomie sinistre de l'individu que j'avais rencontré dans l'escalier, le soir de mon arrivée au château, je n'eus pas envie de m'opposer à ce que je considérais comme une précaution bien innocente, mais certainement fort naturelle.

A la demande d'Usher, je l'aidai personnellement dans les préparatifs de cette sépulture temporaire. Une fois le corps mis en bière, nous le portâmes, à nous deux, à l'endroit où il devait reposer. Le caveau dans lequel nous le déposâmes – et qui était resté fermé si longtemps que nos torches, à moitié étouffées dans cette atmosphère délétère, ne nous permettaient guère d'examiner les lieux – était petit, humide, et n'offrait aucun accès à la lumière du jour ; il était situé à une grande profondeur, juste en dessous de la partie du bâtiment où se trouvait ma chambre à coucher. Il avait servi, apparemment, dans une lointaine époque féodale, de cul de basse-fosse, et plus tard, de réserve de poudre à canon, ou autre substance hautement inflammable ; car une partie du sol et toutes les parois du long passage voûté que nous traversâmes pour y arriver étaient soigneusement revêtues de cuivre.

---

9. **to encoffin** : *mettre en bière*. Cf. *coffin* : *cercueil*.
10. **bore** est le prétérit, irrégulier, de **bear**.
11. **for all purposes** : *à tous usages*.
12. **donjon-keep** : le mot anglais ***dungeon***, faux ami signifiant *oubliette*, serait plus approprié ici. Le français *donjon*, passé en anglais, et son synonyme ***keep***, désignent en fait une tour dominant un château.
13. **archway** : *passage voûté* ; *arcade* ; *porte cintrée*.
14. **to sheathe** [ʃiːð] : *revêtir* ; *doubler*.

The door, of massive iron, had been, also, similarly protected. Its immense weight caused an unusually sharp[1] grating sound[2], as it moved upon its hinges.

Having deposited our mournful burden upon tressels[3] within this region of horror, we partially turned aside[4] the yet unscrewed[5] lid of the coffin, and looked upon the face of the tenant. A striking similitude between the brother and sister now first arrested my attention; and Usher, divining[6], perhaps, my thoughts, murmured out some few words from which I learned that the deceased[7] and himself had been twins, and that sympathies[8] of a scarcely intelligible nature had always existed between them[9]. Our glances, however, rested not long upon the dead – for we could not regard her unawed[10]. The disease which had thus entombed the lady in the maturity of youth, had left, as usual in all maladies of a strictly cataleptical character, the mockery[11] of a faint blush upon the bosom and the face, and that suspiciously lingering[12] smile upon the lip which is so terrible in death. We replaced and screwed down the lid, and, having secured[13] the door of iron, made our way, with toil[14], into the scarcely less gloomy apartments of the upper portion of the house.

And now, some days of bitter grief[15] having elapsed[16], an observable change came over the features of the mental disorder of my friend.

---

1. **sharp** a ici le sens de *pénétrant, prerçant, aigu*.
2. **grating sound** : *grincement* ; *crissement*.
3. **tressels** = ***trestles*** : *tréteaux*.
4. **turn aside** : *détourner* ; *écarter*. Cf. ***to turn aside a blow*** : *faire dévier un coup*.
5. **a screw** : *une vis*. Cf. ***to screw*** (et son contraire : ***to unscrew***).
6. **divine** : *deviner, pressentir*.
7. **deceased** [dɪ'siːst] existe comme nom et comme adjectif.
8. **sympathy** = 1. ***affinity or relationship between persons in which whatever affects one affects the other***. 2. ***correlation existing between bodies capable of communicating their vibrational energy to one another***.
9. La ressemblance parfaite semblerait donner l'idée que ce sont de vrais

La porte, en fer massif, avait été protégée de la même manière. Quand ce poids énorme tournait sur ses gonds, il provoquait un grincement aigu très singulier.

Après avoir déposé notre funèbre fardeau sur des tréteaux dans cette région d'horreur ; nous écartâmes un peu le couvercle du cercueil qui n'était pas encore vissé, et nous regardâmes la face du cadavre. Une ressemblance frappante entre le frère et la sœur retint alors mon attention et Usher, devinant peut-être mes pensées, murmura quelques paroles qui m'apprirent que la défunte et lui étaient jumeaux, et qu'une sympathie de pensée d'une nature difficilement compréhensible avait toujours existé entre eux. Nos regards, toutefois, ne restèrent pas longtemps fixés sur la morte, car nous ne pouvions pas la contempler sans effroi. Le mal qui avait mis au tombeau Lady Madeline dans la plénitude de sa jeunesse avait laissé, comme cela arrive ordinairement dans toutes les maladies d'un caractère cataleptique, l'impudicité d'une légère rougeur sur le sein et sur la face, et sur la lèvre ce sourire équivoque et languissant, qui est si terrible dans la mort. Nous replaçâmes et nous vissâmes le couvercle et, après avoir assujetti la porte de fer, nous reprîmes, péniblement, notre chemin vers les appartements de l'étage supérieur de la maison, qui n'étaient guère moins lugubres.

Et alors, après quelques jours d'amer chagrin, il s'opéra un changement visible dans les symptômes du désordre mental de mon ami.

---

jumeaux (***identical twins***), mais étant de sexe différent ; cela n'est pas plausible. La symbiose entre le frère et la sœur explique que la désintégration mentale de Roderick conduise au déclin physique de Madeline. On peut aussi croire à un dédoublement de la personnalité de Roderick qui veut se débarrasser de son être matériel en le mettant en bière.

10. Cf. ***to be awed by sth*** : *être impressionné par qch*.
11. **mockery** : 1. *moquerie, raillerie.* 2. *parodie, travestissement.*
12. **lingering** : *prolongé.* Cf. **lingering death** (*mort lente*), **lingering disease** (*maladie chronique*).
13. **secure** : *mettre en sécurité ; assujettir ; fixer.*
14. Cf. ***toil*** : *travail pénible, labeur.*
15. **grief** [gri:f] : *douleur, chagrin.*
16. **to elapse** : *s'écouler ; se passer.*

His ordinary manner[1] had vanished. His ordinary occupations were neglected or forgotten. He roamed[2] from chamber to chamber with hurried, unequal[3], and objectless[4] step. The pallor of his countenance had assumed[5], if possible, a more ghastly hue – but the luminousness of his eye had utterly gone out[6]. The once occasional huskiness[7] of his tone was heard no more; and a tremulous quaver[8], as if of extreme terror, habitually characterized his utterance. There were times, indeed, when I thought his unceasingly[9] agitated mind was labouring with[10] some oppressive secret, to divulge[11] which he struggled for the necessary courage. At times, again, I was obliged to resolve[12] all into the mere inexplicable vagaries[13] of madness, for I beheld[14] him gazing upon vacancy for long hours, in an attitude of the profoundest[15] attention, as if listening to some imaginary sound. It was no wonder that his condition terrified – that it infected me. I felt creeping upon me, by slow yet certain degrees, the wild influences of his own fantastic yet impressive superstitions.

It was, especially, upon retiring to bed late in the night of the seventh or eighth day after the placing of the lady Madeline within the donjon, that I experienced the full power of such feelings. Sleep came not near my couch[16] – while the hours waned and waned[17] away. I struggled to reason off[18] the nervousness[19] which had dominion over me.

---

1. **manner** : *maintien, tenue, abord, air.* Cf. ***his easy manner*** : *son air dégagé.*
2. **to roam** [rəʊm] : *errer, rôder, vadrouiller.*
3. **unequal** : *inégal, irrégulier.*
4. **objectless** : *sans but, sans objet.*
5. **to assume** [ə'sjuːm] : *prendre.*
6. Après avoir enterré son être physique, Roderick prend l'apparence d'un fantôme, d'un esprit, d'une « âme séparée », d'un être immatériel, condamné à errer éternellement dans le château.
7. Cf. **husky voice** : *voix enrouée, voilée.*
8. **to quaver** ['kweɪvəʳ] : *chevroter, trembloter.*
9. **unceasingly** : *sans cesse, sans arrêt, sans trêve.*
10. **labour under** : *être affligé de, être aux prises avec, être travaillé par.*

Son attitude avait complètement changé. Ses occupations habituelles étaient négligées, oubliées. Il errait de chambre en chambre d'un pas précipité, inégal, et sans but. La pâleur de son visage était devenue, s'il était possible, encore plus spectrale ; mais la luminosité de son regard avait entièrement disparu. On n'entendait plus le ton de voix âpre qu'il prenait autrefois à l'occasion ; et un tremblement qu'on eût dit causé par une extrême terreur caractérisait habituellement son élocution. Il m'arrivait quelquefois, en effet, de me figurer que son esprit, perpétuellement agité, était travaillé par quelque suffocant secret qu'il ne pouvait trouver le courage de révéler. D'autres fois, j'étais obligé de conclure simplement aux caprices inexplicables de sa folie ; car je le voyais regardant dans le vide pendant de longues heures, dans une attitude de la plus profonde attention, comme s'il écoutait un bruit imaginaire. Il ne faut pas s'étonner que son état m'effrayât, qu'il m'infectât même. Je sentis se glisser en moi, par une gradation lente mais sûre, l'influence mystérieuse de ses superstitions extravagantes mais néanmoins saisissantes.

Ce fut, en particulier, une nuit, la septième ou la huitième depuis que nous avions déposé Lady Madeline dans le caveau, fort tard, avant de me mettre au lit, que j'éprouvai toute la puissance de ces sensations. Le sommeil resta éloigné de ma couche ; les heures une à une s'écoulaient lentement. Je m'efforçai de calmer par la raison l'agitation nerveuse qui s'était emparée de moi.

---

11. **to divulge** [daɪ'vʌldʒ] : *divulguer*.

12. **to resolve** = 1. *to find an answer to*. 2. *to make clear or understandable*.

13. **vagary** ['veɪgərɪ] : *caprice, fantaisie, lubie*.

14. **to behold, beheld, beheld** (littéraire) : *voir ; apercevoir ; être témoin de*.

15. Cf. **profound secret** : *secret absolu*.

16. **couch** [kaʊtʃ] (littéraire) : *lit, couche*.

17. **to wane** : décroître, décliner.

18. **to reason** (*raisonner, faire entendre raison*) est ici associé à l'adverbe *off* qui exprime l'action de *chasser*, d'*éloigner*.

19. **nervousness** : *nervosité, état d'agitation*.

I endeavoured to believe that much, if not all of what I felt, was due to[1] the bewildering[2] influence of the gloomy furniture of the room – of the dark and tattered[3] draperies, which, tortured into motion by the breath of a rising tempest, swayed fitfully[4] to and fro[5] upon the walls, and rustled[6] uneasily[7] about the decorations of the bed. But my efforts were fruitless[8]. An irrepressible tremor[9] gradually pervaded[10] my frame[11]; and, at length, there sat upon my very heart an incubus[12] of utterly causeless alarm[13]. Shaking this off[14] with a gasp[15] and a struggle, I uplifted myself upon the pillows, and, peering[16] earnestly within the intense darkness of the chamber, hearkened[17] – I know not why, except that an instinctive spirit prompted me – to certain low and indefinite sounds which came, through the pauses of the storm, at long intervals, I knew not whence. Overpowered by an intense sentiment of horror, unaccountable yet unendurable, I threw on my clothes with haste (for I felt that I should sleep no more during the night), and endeavoured to arouse myself from the pitiable condition into which I had fallen, by pacing rapidly to and fro through the apartment.

I had taken but few turns in this manner, when a light step on an adjoining staircase arrested my attention. I presently recognised it as that of Usher. In an instant afterward he rapped[18], with a gentle touch, at my door, and entered, bearing a lamp.

---

1. **due to** : *dû à, attribuable à.*
2. **bewildering** : *déroutant.* Cf. **bewilder** : *désorienter, dérouter* ; *embrouiller.*
3. **tattered** : *en loques, en lambeaux.* Cf. **his hopes are in tatters** : *ses espoirs sont réduits à néant.*
4. **fitfully** : *par accès.* Cf. **fitful** : *irrégulier* ; *capricieux* ; *d'humeur changeante.*
5. **to and fro** : *d'avant en arrière* ; *de long en large.*
6. **rustle** : *produire un bruissement* ; *froisser.*
7. **uneasy** : *gêné, mal à l'aise* ; *incommode, gênant.*
8. **fruitless** : *stérile, infructueux.*
9. **tremor** = 1. *a trembling or shaking from physical weakness or emotional stress.* 2. *a feeling of uncertainty or insecurity.*
10. **pervade** : *s'infiltrer* ; *se répandre.*

J'essayai de me persuader que je devais ce que je ressentais, en grande partie, sinon totalement, à la fâcheuse influence du triste ameublement de la chambre, des sombres tentures en lambeaux, qui tourmentées par le souffle d'un orage naissant, se balançaient sur les murs par à-coups, et bruissaient douloureusement autour des ornements du lit. Mais mes efforts furent vains. Une terreur insurmontable pénétra graduellement tout mon être ; et à la longue une angoisse sans motif, mais écrasante m'étreignit le cœur. En respirant profondément je la combattis et parvins à la chasser ; et, me redressant sur les oreillers, et plongeant ardemment mon regard dans l'épaisse obscurité de la chambre, je prêtai l'oreille – je ne saurais dire pourquoi, si ce n'est qu'une force instinctive m'y poussât – à certains bruits, faibles et indéfinis, qui me parvenaient, à de longs intervalles, à travers les accalmies de la tempête. Dominé par un intense sentiment d'horreur, inexplicable et intolérable, je mis mes habits à la hâte, car je sentais que je ne dormirais plus de la nuit, et je m'efforçai de sortir de l'état pitoyable dans lequel j'étais tombé, en parcourant, à grands pas, la chambre de long en large.

Je n'avais fait ainsi que quelques allées et venues, quand un pas léger sur un escalier voisin arrêta mon attention. Je reconnus aussitôt que c'était le pas de Usher. Une seconde après, il frappa doucement à ma porte, et entra, une lampe à la main.

---

11. **frame** : *ossature*. Cf. ***sobs shook her frame*** : *des sanglots lui secouaient le corps.*

12. **incubus** (mythologie) *incube* ; *fardeau, poids*. Cf. ***to be an incubus on sb*** : *être le cauchemar de qn.* C'est un mot latin qui veut dire « cauchemar » et qui désigne un démon mâle qui, pour abuser sexuellement de sa victime endormie, pèse sur sa poitrine et peut l'étouffer.

13. Le narrateur a été entraîné si loin par Roderick Usher qu'il est en passe de perdre la raison, ce qui le terrifie.

14. **to shake sth off** : *se dégager de qch* ; *se défaire de qch.*

15. **a gasp** : *un sursaut, un hoquet.*

16. **peer** : *scruter* (du regard).

17. **to hearken** [ˈhɑːrkən] : *écouter, prêter l'oreille à.*

18. **rap** : *frapper, donner un coup sec.*

His countenance was, as usual, cadaverously wan – but, moreover, there was a species of mad hilarity in his eyes – an evidently[1] restrained[2] *hysteria*[3] in his whole demeanour[4]. His air appalled[5] me – but anything was preferable to the solitude which I had so long endured, and I even welcomed his presence as a relief.

"And you have not seen it?" he said abruptly, after having stared about him for some moments in silence –"you have not then seen it? – but, stay! you shall." Thus speaking, and having carefully shaded[6] his lamp, he hurried to one of the casements[7], and threw it freely open to the storm.

The impetuous fury[8] of the entering gust[9] nearly lifted us from our feet. It was, indeed, a tempestuous yet sternly[10] beautiful night, and one wildly singular in its terror and its beauty. A whirlwind[11] had apparently collected its force in our vicinity; for there were frequent and violent alterations in the direction of the wind; and the exceeding density of the clouds (which hung so low as to press upon the turrets of the house) did not prevent our perceiving the lifelike[12] velocity with which they flew careering from all points against each other, without passing away[13] into the distance. I say that even their exceeding density did not prevent our perceiving this – yet we had no glimpse[14] of the moon or stars – nor was there any flashing forth of the lightning.

---

1. **evidently** : *manifestement, apparemment.*
2. **to restrain** : *retenir, empêcher ; réprimer, contenir, refouler.* Cf. *in restrained terms* : *en termes mesurés.*
3. **hysteria** [hɪˈstɪərɪə] = ***behaviour exhibiting unmanageable fear or emotional excess***. L'hystérie se manifeste par des symptômes corporels paroxystiques (comme des crises émotionnelles) ou plus durables (comme des paralysies).
4. **demeanour** [dɪˈmiːnəʳ] : *façon de se comporter ; maintien, tenue.* Cf. *a fine demeanour* : *une fière allure.*
5. **to appal** [əˈpɔːl] : *consterner, épouvanter.*
6. **shade (a light)** : *voiler, atténuer (une lumière) ;* (**a lamp**) *mettre un abat-jour à une lampe.*

Sa physionomie était, comme de coutume, d'une pâleur cadavéreuse, mais il y avait en outre dans ses yeux une espèce d'hilarité insensée, et dans toutes ses manières une sorte d'hystérie visiblement contenue. Son air m'épouvanta ; mais tout était préférable à la solitude que j'avais endurée si longtemps, et j'accueillis sa présence comme un soulagement.

— Et vous n'avez pas vu cela, dit-il brutalement, après quelques instants de silence pendant lesquels il promena son regard autour de lui, vous n'avez donc pas vu cela ? Mais attendez ! Vous le verrez !

A ces mots et en ayant soigneusement abrité sa lampe, il se précipita vers l'une des fenêtres, et l'ouvrit toute grande pour laisser entrer la tempête.

La fureur impétueuse de la bourrasque qui s'engouffra nous souleva presque. C'était vraiment une nuit d'orage horriblement belle, une nuit singulière et étrange par sa monstruosité et sa beauté. Une tornade s'était apparemment levée à proximité, car il y avait des changements brusques et fréquents dans la direction du vent, et l'excessive densité des nuages, maintenant descendus si bas qu'ils pesaient presque sur les tourelles du château, ne nous empêchait pas de percevoir la vélocité avec laquelle, tels des êtres animés, ils se précipitaient l'un sur l'autre de tous les points de l'horizon, au lieu de se perdre dans l'espace. Leur excessive densité ne nous empêchait pas de percevoir ce phénomène ; pourtant nous n'apercevions pas la moindre trace de lune ni d'étoiles, et aucun éclair ne projetait sa lueur.

---

7. **casement** : *châssis de fenêtre à deux battants*. Cf. **casement-window** : *fenêtre à deux battants*.

8. **fury** ['fjʊərɪ] : *furie, fureur* ; *déchaînement, violence* (ici, du vent).

9. **gust of wind** : *coup de vent, rafale, bourrasque*.

10. **sternly** : *sévèrement, rigoureusement, durement*.

11. **whirlwind** : *tourbillon* ; *trombe* (de vent).

12. **lifelike** = ***accurately imitating real life***.

13. **to pass away** : *passer de vie à trépas* ; *disparaître, s'éteindre*.

14. **glimpse** : *vision momentanée de*. Cf. ***to catch a glimpse of sth*** : *entrevoir qch*.

But the under surfaces of the huge masses of agitated vapour, as well as all terrestrial objects immediately around us, were glowing[1] in the unnatural[2] light of a faintly luminous and distinctly visible gaseous exhalation which hung about[3] and enshrouded[4] the mansion[5].

"You must not – you shall not behold this!" said I, shudderingly[6], to Usher, as I led him, with a gentle[7] violence, from the window to a seat. "These appearances, which bewilder you, are merely electrical phenomena not uncommon – or it may be that they have their ghastly origin in the rank[8] miasma of the tarn. Let us close this casement; – the air is chilling and dangerous to your frame. Here is one of your favourite romances[9]. I will read, and you shall listen; – and so we will pass away this terrible night together."

The antique volume which I had taken up was the "Mad Trist[10]" of Sir Launcelot Canning; but I had called it a favourite of Usher's more in sad jest than in earnest; for, in truth, there is little in its uncouth[11] and unimaginative[12] prolixity which could have had interest for the lofty and spiritual ideality of my friend. It was, however, the only book immediately at hand; and I indulged a vague hope that the excitement[13] which now agitated the hypochondriac, might find relief[14] (for the history of mental disorder is full of similar anomalies) even in the extremeness of the folly[15] which I should read.

---

1. **glow** : *rougeoyer, rayonner* ; *flamboyer*.
2. **unnatural** : *monstrueux* ; *contre nature, anormal* ; *artificiel*.
3. **to hang about** : *rôder*.
4. **enshroud** : *ensevelir* ; *cacher* ; *recouvrir*. Cf. ***a shroud*** : *un linceul*.
5. Le phénomène décrit ici est de type apocalyptique. C'est une hallucination qui annonce une fin sinistre.
6. **shudderingly** : *en frémissant, avec un frisson*.
7. Cf. **a gentle rebuke** : *une réprimande peu sévère*.
8. **rank** (adj.) : 1. *luxuriant, prolifique*. 2. (= ***foul-smelling***) *fétide*. 3. (= ***thorough***) *violent*. Ex. : **rank injustice** : *injustice criante*.
9. On utilise le mot **romance** pour désigner un roman de chevalerie, un roman historique d'aventures ou un roman d'amour.

Mais les surfaces inférieures de ces vastes masses de vapeurs agitées, ainsi que tous les objets terrestres autour de nous, flamboyaient dans la clarté surnaturelle d'une exhalaison gazeuse qui était en suspension dans l'air et qui enveloppait la maison comme dans un linceul presque lumineux et distinctement visible.

— Vous ne devez pas voir cela ! Vous ne regarderez pas cela ! dis-je en frissonnant à Usher ; et je le ramenai avec une douce violence de la fenêtre vers un fauteuil. Ces visions qui vous abusent sont des phénomènes purement électriques et fort ordinaires, ou peut-être tirent-ils leur funeste origine des miasmes fétides de l'étang. Fermons cette fenêtre ; l'air est glacial et dangereux pour votre constitution. Voici un de vos romans de chevalerie préférés. Je lirai, et vous écouterez ; et nous achèverons ensemble cette terrible nuit.

L'antique volume sur lequel j'avais mis la main était Le *Mad Trist*, de sir Launcelot Canning ; et c'était par plaisanterie que je l'avait désigné comme l'un des ouvrages préférés de Usher, car, en vérité, dans sa prolixité étrange et prosaïque, il n'y avait pas grande pâture pour la haute spiritualité de mon ami. Mais c'était le seul livre que j'eusse immédiatement sous la main ; et je nourrissais le vague espoir que l'agitation qui tourmentait l'hypocondriaque trouverait un soulagement (car l'histoire des troubles mentaux est pleine d'anomalies de ce genre) dans l'exagération même des folies que j'allais lui lire.

---

10. **trist** (archaïque) = ***sad, sorrowful*** ; ***dreary***. Le *Mad Trist* est, comme ce nom d'auteur, une pure invention d'Edgar Poe. C'est la satire d'une histoire de chevalerie, qui est donc une histoire dans l'histoire (***story within the story***) qui joue un rôle important dans la mesure où ce qui est évoqué dans le roman se manifeste aussi dans la maison Usher. C'est le cas en particulier pour toute une série de bruits qui ont un effet déclencheur.

11. **uncouth** [ʌnˈkuːθ] : 1. *grossier, rude, barbare.* 2. *étrange, bizarre.*

12. **unimaginative** : *dénué d'imagination* ; *prosaïque.*

14. **excitement** : *surexcitation* ; *trouble.*

15. **to find relief in work** : *trouver un dérivatif dans le travail.*

16. **folly** : *sottise, déraison.* D'où l'utilisation, comme en français, pour désigner un édifice coûteux et inutile.

Could I have judged, indeed, by the wild over-strained[1] air of vivacity[2] with which he hearkened, or apparently hearkened, to the words of the tale, I might well have congratulated myself upon the success of my design[3].

I had arrived at that well-known portion of the story where Ethelred, the hero of the Trist, having sought in vain for peaceable admission into the dwelling of the hermit, proceeds to[4] make good[5] an entrance by force. Here, it will be remembered, the words of the narrative run[6] thus:

"And Ethelred, who was by nature of a doughty[7] heart, and who was now mighty withal[8], on account of the powerfulness of the wine which he had drunken, waited no longer to hold parley with the hermit, who, in sooth[9], was of an obstinate and maliceful turn[10], but, feeling the rain upon his shoulders, and fearing the rising of the tempest, uplifted his mace outright[11], and, with blows, made quickly room in the plankings of the door for his gauntleted[12] hand; and now pulling therewith[13] sturdily[14], he so cracked, and ripped, and tore all asunder, that the noise of the dry and hollow-sounding wood alarumed and reverberated throughout the forest[15]."

At the termination of this sentence I started, and for a moment, paused; for it appeared to me (although I at once concluded that my excited fancy had deceived me) – it appeared to me that, from some very remote portion of the mansion, there came, indistinctly, to my ears

---

1. **over(-)strain** : *tension excessive, surmenage.* Cf. **to overstrain the truth** : *faire une entorse à la vérité.*

2. **vivacity** = *vivaciousness* : *vivacité, enjouement* ; *entrain* ; *verve.*

3. **design** : *dessein, projet* ; *intention* ; *plan.*

4. **to proceed to do sth** : *se mettre à faire qch.*

5. **to make good** : *se rattraper de* (ses pertes) ; *remédier, réparer* (une injustice) ; *accomplir, effectuer.* Ex. : **to make good one's escape** : *parvenir à s'échapper.*

6. Cf. *so the story runs* : *c'est ainsi que l'histoire est racontée.*

7. **doughty** ['daʊtɪ] : *vaillant, preux.* Cf. **doughty deeds** : *hauts faits.*

8. **withal** [wɪ'ðɔːl] (archaïque et littéraire) : *aussi, en même temps, en outre.*

A en juger par l'air d'avidité particulièrement exagéré avec lequel il écoutait ou feignait d'écouter les phrases du récit, j'aurais pu me féliciter du succès de ma ruse.

J'étais arrivé à cette partie bien connue de l'histoire où Ethelred, le héros du livre, ayant en vain cherché à se faire admettre pacifiquement dans la demeure d'un ermite, se met en devoir de s'introduire par la force. Ici, on s'en souvient, le narrateur s'exprime ainsi :

— « Et Ethelred, qui était par nature un cœur vaillant, et qui maintenant était aussi très fort, en raison de la vigueur du vin qu'il avait bu, n'attendit pas davantage pour parlementer avec l'ermite, qui était, en vérité, d'une nature têtue et malveillante, mais, sentant la pluie sur ses épaules, et craignant que la tempête ne s'élevât, il brandit bien haut sa massue, et avec quelques coups fraya bien vite un chemin, à travers les planches de la porte, à sa main gantée de fer ; et en tirant vigoureusement avec celle-ci, il fit craquer, et se fendre, et sauter le tout en morceaux, si bien que le fracas du bois sec et sonnant le creux donna l'alarme et fut répercuté dans toute la forêt. »

A la fin de cette phrase je tressaillis et je fis une pause, car il m'avait semblé (mais je conclus bien vite que c'était une illusion de mon imagination exaltée) – il m'avait semblé que d'une partie très reculée du manoir était venu confusément à mon oreille

---

9. **in sooth** (arch.) : *en vérité, vraiment.*
10. **turn** : *disposition d'esprit.*
11. **outright** : *complètement, sans ménagement* ; *franchement, carrément.*
12. **gauntlet** [ˈgɔːntlqt] : *gantelet, gant.* Cf. ***to take up the gauntlet*** : *relever le gant.* ***Red Gauntlet*** est le titre d'un roman de Walter Scott.
13. **therewith** = 1. ***with that.*** 2. ***on that matter.***
14. **sturdily** [ˈstɜːrdɪlɪ] : *fortement* ; *hardiment, résolument* ; *vigoureusement.*
15. Cette histoire, présentée comme une fiction, va permettre au narrateur de faire basculer dans la fiction ce qu'il présente comme une réalité (l'histoire de Roderick Usher).

what might have been, in its exact similarity of character, the echo (but a stifled and dull one certainly) of the very cracking and ripping sound which Sir Launcelot had so particularly described. It was, beyond doubt, the coincidence alone which had arrested my attention; for, amid the rattling[1] of the sashes[2] of the casements, and the ordinary commingled[3] noises of the still increasing storm, the sound, in itself, had nothing, surely, which should have interested or disturbed me. I continued the story:

"But the good champion Ethelred[4], now entering within the door, was sore[5] enraged and amazed to perceive no signal of the maliceful hermit; but, in the stead thereof[6], a dragon of a scaly[7] and prodigious demeanour, and of a fiery[8] tongue, which sate[9] in guard before a palace of gold, with a floor of silver; and upon the wall there hung a shield of shining brass with this legend enwritten[10] –

Who entereth[11] herein, a conqueror hath bin[12];
Who slayeth the dragon, the shield he shall win;

And Ethelred uplifted his mace, and struck upon the head of the dragon, which fell before him, and gave up his pesty[13] breath, with a shriek so horrid and harsh, and withal so piercing, that Ethelred had fain[14] to close his ears with his hands against the dreadful noise of it, the like whereof was never before heard."

---

1. **to rattle** : 1. (intr.) *faire entendre des bruits secs, cliqueter*; *vibrer*. 2. (trans.) *agiter*; *faire cliqueter*. *Cf.* **rattle** = **rattling** : *cliquetis, claquement*.

2. **sash** : *châssis mobile, cadre* (d'une fenêtre à guillotine).

3. **to commingle** : (trans.) *mêler ensemble, mélanger*; (intr.) *se mêler*.

4. Le narrateur peut être comparé au personnage d'Ethelred. Il cherche à percer le mystère de Roderick comme Ethelred veut pénétrer dans la demeure du méchant ermite. Une fois dans la place il s'aperçoit que celui qu'il cherchait a disparu et il se trouve confronté à la folie dangereuse incarnée par le dragon qu'il doit terrasser pour survivre.

5. **sore** (adv.) = **sorely** = **very, extremely**. Ex. : **sorely needed** : *dont on a grand besoin*; **sorely tried** : *durement éprouvé*.

6. **in the stead thereof** : m. à m. *à la place de celui-ci*. Il s'agit d'une

un bruit, qu'on eût dit, par son exacte analogie, l'écho (certes étouffé et amorti) de ce bruit de bois craqué et défoncé que sir Launcelot avait si précisément décrit. Ce fut, sans nul doute, la coïncidence seule qui avait arrêté mon attention ; car, au milieu du claquement des châssis de fenêtres et des bruits confus qui accompagnent habituellement un orage qui monte, le bruit en lui-même n'avait vraiment rien qui pût m'intriguer ou me perturber. Je poursuivis le récit :

— « Mais Ethelred, le brave champion, passant alors la porte, fut grandement furieux et stupéfait de n'apercevoir aucune trace du malicieux ermite, mais en son lieu et place un dragon monstrueux et couvert d'écailles, avec une langue de feu, qui montait la garde devant un palais d'or, avec un sol d'argent ; et sur le mur était suspendu un bouclier d'airain brillant, avec cette légende gravée dessus :

> Quiconque entre ici, un conquérant a été
> Qui tue le dragon, remportera le bouclier ;

Et Ethelred leva sa massue et frappa sur la tête du dragon, qui s'abattit devant lui et exhala son dernier soupir empoisonné avec un rugissement si affreux, si strident et si perçant à la fois, qu'Ethelred fut obligé de se boucher les oreilles avec les mains, pour se garantir de ce bruit effroyable, tel qu'il n'en avait jamais entendu de semblable. »

---

tournure archaïque. Aujourd'hui, on écrirait *in its stead*, ***instead of that*** ou ***instead*** tout court.

7. **scaly** : *écailleux* ; *squameux*. *Cf.* **scale** (***on fish, insect***) : *écaille*.
8. **fiery** ['faɪərɪ] : de feu ; brûlant ; enflammé.
9. **sate** est une forme archaïque de ***sat***, le passé de ***sit***.
10. **enwritten** = ***written***.
11. **-th** est une terminaison archaïque de la 3ᵉ personne du présent.
12. **hath bin** = ***has been***.
13. **pesty** = *pestilent* = *pestilential*.
14. **fain** (adv. ou adj. archaïque) signifiait le plus souvent *volontiers*, mais pouvait aussi, comme ici, exprimer l'acceptation d'une contrainte.

Here again I paused abruptly, and now with a feeling of wild amazement[1] – for there could be no doubt[2] whatever that, in this instance, I did actually hear (although from what direction it proceeded I found it impossible to say) a low and apparently distant, but harsh, protracted[3], and most unusual screaming[4] or grating[5] sound – the exact counterpart of what my fancy had already conjured up[6] for the dragon's unnatural shriek as described by the romancer.

Oppressed[7], as I certainly was, upon the occurrence[8] of the second and most extraordinary coincidence, by a thousand conflicting[9] sensations, in which wonder and extreme terror were predominant, I still retained sufficient presence of mind to avoid exciting, by any observation, the sensitive[10] nervousness[11] of my companion. I was by no means certain that he had noticed the sounds in question; although, assuredly, a strange alteration had, during the last few minutes, taken place in his demeanour. From a position fronting[12] my own, he had gradually brought round[13] his chair, so as to sit with his face to the door of the chamber; and thus I could but partially perceive his features, although I saw that his lips trembled as if he were murmuring inaudibly[14]. His head had dropped upon his breast – yet I knew that he was not asleep, from the wide and rigid opening of the eye as I caught a glance of it in profile.

---

1. **amazement** : *stupéfaction*.
2. Attention à la prononciation de **doubt** : [daʊt].
3. **to protract** = *to prolong in time or space*.
4. **a scream** [skriːm] : *cri aigu, perçant et prolongé*.
5. **grate** évoque un bruit métallique (*grincer*).
6. **to conjure** [ˈkʌndʒəʳ] **up** : *évoquer* (un esprit, un démon).
7. **to oppress** : *accabler*.
8. **occurence** [əˈkʌrəns] : *venue, rencontre*. Cf. **an everyday occurence** : *un fait journalier* ; **to occur** : *se produire* ; *survenir* ; *se présenter*.

Ici je fis brusquement une nouvelle pause, et cette fois avec un sentiment de stupeur, car il n'y avait pas lieu à douter que je n'eusse réellement entendu (bien qu'il me fut impossible de dire dans quelle direction) un son faible et comme lointain, mais âpre, prolongé, singulièrement strident et grinçant, l'exacte contrepartie du hurlement surnaturel du dragon décrit par le romancier, et tel que mon imagination se l'était représenté.

Oppressé, comme je l'étais évidemment lors de cette seconde et extraordinaire coïncidence, par mille sensations contradictoires, parmi lesquelles dominaient un étonnement et une frayeur extrêmes, je gardai néanmoins assez de présence d'esprit pour éviter d'exciter par une observation quelconque la sensibilité exacerbée de mon compagnon. Je n'étais pas du tout sûr qu'il eût remarqué les bruits en question, bien qu'assurément une étrange altération se fût depuis ces dernières minutes manifestée dans sa contenance. De sa position primitive, juste en face de moi, il avait peu à peu tourné son fauteuil de manière à se retrouver assis face à la porte de la chambre ; en sorte que je ne pouvais plus voir qu'une partie de son visage, quoique je m'aperçusse bien que ses lèvres tremblaient comme s'il murmurait quelque chose d'insaisissable. Sa tête était tombée sur sa poitrine ; cependant, je savais qu'il n'était pas endormi ; l'œil que j'entrevoyais de profil était grand ouvert et fixe.

---

9. **conflicting** : *opposé, incompatible, contradictoire.*
10. **sensitive** = ***sensory*** = ***relating to sensations or to the senses***. Cf. ***sensory stimulation*** : *stimulation sensorielle.*
11. **nervousness** : *nervosité ; état d'agitation.*
12. **to front sb** : *être tourné vers qn.*
13. **to bring round** : *ramener, retourner.*
14. **inaudibly** : *sans bruit, de manière à ne pas être entendu.*

The motion of his body, too, was at variance with[1] this idea – for he rocked from side to side with a gentle yet constant and uniform sway. Having rapidly taken notice of all this, I resumed the narrative of Sir Launcelot, which thus proceeded:

"And now, the champion, having escaped from the terrible fury of the dragon, bethinking himself[2] of the brazen[3] shield, and of the breaking up[4] of the enchantment[5] which was upon it, removed the carcass from out of the way before him, and approached valorously over the silver pavement of the castle to where the shield was upon the wall; which in sooth tarried[6] not for his full coming, but fell down at his feet upon the silver floor, with a mighty great and terrible ringing sound."

No sooner had these syllables passed my lips, than – as if a shield of brass had indeed, at the moment, fallen heavily upon a floor of silver became aware of a distinct, hollow, metallic, and clangorous[7], yet apparently muffled[8] reverberation[9]. Completely unnerved, I leaped to my feet[10]; but the measured[11] rocking movement of Usher was undisturbed. I rushed to the chair in which he sat. His eyes were bent[12] fixedly before him, and throughout[13] his whole countenance there reigned a stony rigidity. But, as I placed my hand upon his shoulder, there came a strong shudder over his whole person; a sickly smile quivered about his lips; and I saw that he spoke in a low, hurried, and gibbering[14] murmur, as if unconscious of my presence.

---

1. **at variance with** : *en désaccord, contradiction avec.*
2. **to bethink oneself** (littéraire, archaïque) : *réfléchir, considérer, s'aviser.*
3. **brazen** : ici, *en bronze* (sens archaïque, littéraire). Aujourd'hui, **brazen** signifie *hardi, éhonté, impudent.* Ex. ***a brazen liar*** : *un fieffé menteur.*
4. **breaking up** : *démembrement ; dispersion ; démolition ; dissolution.*
5. **enchantment** : *ensorcellement, enchantement.*
6. **to tarry** (archaïque et littéraire) : *rester, demeurer ; tarder, s'attarder.*
7. **clangorous** : *retentissant, strident.* Cf. **clang** : *son métallique.* Ex. : ***the clang of a hammer*** *(bruit d'un marteau).*

D'ailleurs, le mouvement de son corps contredisait aussi cette idée, car il se balançait d'un côté à l'autre avec un mouvement léger, mais régulier et uniforme. Je remarquai rapidement tout cela, et je repris le récit de sir Launcelot, qui continuait ainsi :

— « Et alors, le champion, ayant échappé à la terrible furie du dragon, se souvenant du bouclier d'airain, et que l'enchantement qui était dessus était rompu, écarta le cadavre de devant son chemin et s'avança vaillamment sur le pavé d'argent du château, vers l'endroit du mur où se trouvait le bouclier, lequel, en vérité, n'attendit pas qu'il fût arrivé tout auprès, pour tomber à ses pieds sur le pavé d'argent avec un grand et terrible fracas. »

A peine ces syllabes eussent-elles passé mes lèvres, que, comme si un bouclier d'airain était pesamment tombé, à ce moment même, sur un sol d'argent, j'en entendis l'écho distinct, profond, métallique, retentissant, mais comme assourdi. J'étais totalement bouleversé ; je sautai sur mes pieds ; mais Usher n'avait pas interrompu son balancement régulier. Je me précipitai vers le fauteuil où il était toujours assis. Ses yeux étaient braqués droit devant lui, et toute sa physionomie était figée dans une rigidité de pierre. Mais, quand je posai la main sur son épaule, un violent frisson parcourut tout son être, un sourire malsain fit frémir ses lèvres, et je vis qu'il parlait bas, très bas, un murmure précipité et inarticulé, comme s'il n'avait pas conscience de ma présence.

---

8. **muffled** : *sourd, assourdi.*

9. **to reverberate** : *renvoyer, répercuter ; retentir, résonner.*

10. **to leap to one's feet** : *se lever brusquement ; être sur pied d'un bond.*

11. **measured** : (mouvement, pas) *cadencé.*

12. **to bend one's gaze on sth** (littéraire) : *fixer ses regards sur qch.* Ex. : ***his eyes bent to the ground*** : *les yeux attachés au sol.*

13. **thoroughout** (archaïque) = ***throughout*** (prep.) = ***all over.***

14. **gibbering** ['dʒɪbərɪŋ] : *qui émet des sons imitant les paroles.* Cf. **to gibber** : *produire des sons inarticulés.*

Bending closely[1] over him, I at length drank in[2] the hideous import[3] of his words.

"Not hear it? – yes, I hear it, and have heard it. Long – long – long – many minutes, many hours, many days, have I heard it – yet I dared not – oh, pity me, miserable wretch[4] that I am! – I dared not – I dared not speak! *We have put her living in the tomb*[5]! Said I not that my senses were acute? I now tell you that I heard her first feeble movements in the hollow coffin. I heard them[6] – many, many days ago – yet I dared not – I dared not speak! And now – to-night – Ethelred – ha! ha! – the breaking of the hermit's door, and the death-cry of the dragon, and the clangour[7] of the shield! – say, rather, the rending of her coffin, and the grating of the iron hinges of her prison, and her struggles within the coppered archway of the vault! Oh whither[8] shall I fly? Will she not be here anon[9]? Is she not hurrying to upbraid[10] me for my haste? Have I not heard her footstep on the stair? Do I not distinguish that heavy and horrible beating of her heart? MADMAN[11]!" here he sprang furiously to his feet, and shrieked out his syllables, as if in the effort he were giving up his soul –"MADMAN! I TELL YOU THAT SHE NOW STANDS WITHOUT[12] THE DOOR!"

As if in the superhuman energy of his utterance there had been found the potency[13] of a spell[14] – the huge antique panels to which the speaker pointed, threw slowly back, upon the instant, ponderous and ebony jaws.

---

1. **closely** = **close** : *près, auprès.* Ex. : ***to stand closely against a wall*** : *se coller contre un mur.*
2. **to drink in** : *s'imbiber, absorber.*
3. **import** : *sens, signification, teneur.*
4. **wretch** (subst.) : *malheureux, infortuné, misérable.*
5. Attention à la prononciation de **tomb** [tu:m].
6. Le retour de Madeline est le retour du refoulé, du double que l'on a enterré vivant et que l'on n'a pas réussi à anéantir.
7. **clangour** = ***clang*** : *fracas, bruit métallique.*

Je me penchai tout contre lui, et saisis enfin le sens affreux de ses paroles :

— Vous n'entendez pas ? Moi j'entends, et j'ai entendu pendant longtemps, longtemps, bien longtemps, bien des minutes, bien des heures, bien des jours, j'ai entendu, mais je n'osais pas, oh ! pitié pour moi, misérable infortuné que je suis ! Je n'osais pas, je n'osais pas parler ! Nous l'avons mise vivante dans la tombe ! Ne vous ai-je pas dit que mes sens étaient aiguisés ? Je vous dis maintenant que j'ai entendu ses premiers faibles mouvements dans le fond du cercueil. Je les ai déjà entendus, il y a bien des jours, mais je n'osais pas, je n'osais pas parler ! Et maintenant, cette nuit, Ethelred, ah ! ah ! la porte de l'ermite enfoncée, et le râle du dragon, et le fracas du bouclier ! Parlez plutôt de son cercueil défoncé, du grincement des gonds de fer de sa prison, et de sa lutte désespérée dans le passage de cuivre de la cave ! Oh ! Où fuir ? Ne sera-t-elle pas bientôt ici ? N'arrive-t-elle pas pour me reprocher ma précipitation ? N'ai-je pas entendu son pas dans l'escalier ? Est-ce que je ne distingue pas l'horrible et lourd battement de son cœur ? Insensé !

Ici, il se dressa furieusement sur ses pieds et hurla ses syllabes, comme si dans cet effort suprême il rendait son âme :

— INSENSÉ ! JE VOUS DIS QU'ELLE EST MAINTENANT DERRIÈRE LA PORTE !

A l'instant même, comme si l'énergie surhumaine de sa parole eût acquis le pouvoir d'une formule magique, les énormes et antiques panneaux que désignait Usher entrouvrirent lentement leurs lourdes mâchoires d'ébène.

---

8. **whither** (adv.) (archaïque et littéraire) : *où, vers quel lieu.*

9. **anon** (adv.) (archaïque) : *tout à l'heure, bientôt* ; *à l'instant.*

10. **to upbraid (sb)** : *faire des reproches à (qn).*

11. **MADMAN !** : Le fantasme devenu réalité c'est ce qu'est la folie et c'est pourquoi Roderick dit au narrateur qu'il est fou.

12. **without** a ici le sens de *outside.*

13. **potency** : *puissance, efficacité.* Cf. **potent = powerful = effective.**

14. **spell** : *charme, formule magique* ; *incantation.* Cf. **to put a spell on sb** : *jeter un sort à qn.*

It was the work of the rushing gust[1] – but then without those doors there DID[2] stand the lofty and enshrouded figure of the lady Madeline of Usher. There was blood upon her white robes, and the evidence of some bitter struggle upon every portion of her emaciated frame. For a moment she remained trembling and reeling to and fro upon the threshold, then, with a low moaning[3] cry, fell heavily inward[4] upon the person of her brother, and in her violent and now final death-agonies, bore him to the floor a corpse, and a victim to the terrors he had anticipated[5].

From that chamber, and from that mansion, I fled aghast[6]. The storm was still abroad[7] in all its wrath as I found myself crossing the old causeway. Suddenly there shot[8] along the path a wild light, and I turned to see whence a gleam so unusual could wi have issued; for the vast house and its shadows were alone behind me. The radiance[9] was that of the full, setting, and blood-red moon which now shone vividly through that once barely discernible fissure of which I have before spoken as extending from the roof of the building, in a zigzag direction, to the base. While I gazed, this fissure rapidly widened – there came a fierce breath of the whirlwind – the entire orb of the satellite burst at once upon my sight[10] – my brain reeled as I saw the mighty walls rushing asunder – there was a long tumultuous shouting sound like the voice of a thousand waters – and the deep and dank tarn at my feet closed sullenly[11] and silently over the fragments of the "HOUSE OF USHER[12]."

---

1. **gust of wind** : *rafale de vent, bourrasque*.
2. Utilisé dans une phrase affirmative, **did** est une forme d'insistance, indiquant ici que Lady Madeline était effectivement là.
3. **moan** [məʊn] : *gémir, pousser des gémissements*.
4. **inward** (adv.) : *vers l'intérieur*.
5. Le fantôme de Lady Madeline s'abat sur ce fantôme qu'est devenu Roderick et tous deux se trouvent réunis dans la mort. Cette mort des deux parties d'un être unique entraîne la chute de la maison Usher dont il était le dernier descendant.
6. **aghast** [ə'gɑːst] **(at)** : *atterré, horrifié (par)*.

C'était l'œuvre d'une bourrasque de vent ; mais derrière ces portes se trouvait bien la noble silhouette de Lady Madeline Usher, enveloppée de son suaire. Il y avait du sang sur ses vêtements blancs et toute sa personne décharnée portait les traces évidentes de quelque horrible lutte. Pendant un instant elle resta tremblante et vacillante sur le seuil ; puis, avec un cri plaintif et profond, elle tomba lourdement en avant sur son frère, et dans les affres violents et ultimes de son agonie elle l'entraîna au sol, cadavre maintenant et victime des terreurs qu'il avait anticipées.

Je m'enfuis de cette chambre et de ce manoir, frappé d'horreur. La tempête faisait encore rage de tous côtés lorsque je franchis la vieille digue. Tout à coup, un étrange éclat de lumière se projeta sur le chemin, et je me retournai pour voir d'où pouvait jaillir une lueur si singulière, car je n'avais derrière moi que le vaste château avec toutes ses ombres. Le rayonnement provenait de la pleine lune qui se couchait, rouge de sang, et maintenant brillait vivement à travers cette fissure à peine visible naguère, qui, comme je l'ai dit, parcourait en zigzag le bâtiment depuis le toit jusqu'à la base. Pendant que je regardais, cette fissure s'élargit rapidement ; il survint une reprise du souffle furieux de la tornade ; le disque entier de la planète s'offrit brusquement à ma vue. La tête me tourna quand je vis les puissantes murailles se briser en deux. Il se fit un bruit prolongé, un fracas tumultueux comme la voix de mille cataractes, et l'étang profond et glacial qui était à mes pieds se referma tristement et silencieusement sur les ruines de la Maison Usher.

---

7. **abroad** [ə'brɔːd] (adv.) a ici le sens de *en circulation, de tous côtés* et pas celui de *à l'étranger*.

8. Cf. ***a beam of light shot through the darkness*** : *un rayon de lumière fut projeté dans les ténèbres.*

9. **radiance** ['reɪdɪəns] : *rayonnement, éclat.*

10. Cf. ***to burst upon sb's sight*** : *se présenter, surgir, se découvrir à la vue de qn.*

11. Cf. ***sullen*** ['sʌlən] : *sombre ; renfrogné.*

12. Les occupants de la maison disparaissent, avec la maison elle-même, dans l'étang pour rejoindre le monde souterrain, qui est leur véritable demeure.

The Black Cat

Le Chat noir

For the most wild, yet most homely[1] narrative which I am about to pen[2], I neither expect nor solicit belief. Mad indeed would I be to expect it, in a case where my very senses reject their own evidence[3]. Yet, mad am I not – and very surely do I not dream. But to-morrow I die[4], and to-day I would[5] unburden[6] my soul. My immediate purpose is to place before the world, plainly, succinctly, and without comment, a series of mere household[7] events. In their consequences, these events have terrified – have tortured – have destroyed me. Yet I will not attempt to expound[8] them. To me, they have presented little but Horror – to many they will seem less terrible than *barroques*[9]. Hereafter[10], perhaps, some intellect may be found which will reduce my phantasm[11] to the commonplace[12] – some intellect[13] more calm, more logical, and far less excitable than my own, which will perceive, in the circumstances I detail with awe, nothing more than an ordinary succession of very natural causes and effects.

From my infancy[14] I was noted for the docility and humanity of my disposition[15]. My tenderness of heart was even so conspicuous[16] as to make me the jest[17] of my companions. I was especially fond of animals, and was indulged[18] by my parents with a great variety of pets. With these I spent most of my time, and never was so happy as when feeding and caressing them. This peculiarity of character grew with my growth, and, in my manhood, I derived from it one of my principal sources of pleasure.

---

1. **homely** : *simple, ordinaire; sans apprêt.*

2. **pen** : *écrire, rédiger.* Cf. ***a pen*** : *une plume; un stylo.*

3. Cf. ***the evidence of the senses*** : *le témoignage des sens.*

4. Dès le début, le lecteur sait que le narrateur est en prison et écrit son récit la veille de son exécution.

5. **would** a ici le sens de volonté et exprime le souhait; il est synonyme de **would like to**.

6. **unburden** : *décharger/alléger d'un fardeau.* Cf. ***a burden*** : *un fardeau.*

7. Cf. ***household expenses*** : *dépenses du ménage.*

8. **expound** : *exposer, expliquer.*

9. ***barroques*** [bə'rɒks] : Poe emploie ce nom pour désigner un style artistique qui se caractérise par une surchage décorative et des effets dramatiques exagérés. Ce terme a survécu en anglais moderne comme adjectif (**baroque**).

10. **hereafter** [hɪər'ɑːftər] : 1. (**of position**) *ci-après, ci-dessous.* 2. (**of**

Pour la très étrange et néanmoins très familière histoire que je m'apprête à coucher par écrit, je n'attends ni même ne sollicite la créance. Je serais bien fou en effet de m'y attendre, alors que mes sens eux-mêmes rejettent leur propre témoignage. Pourtant, je ne suis pas fou, et très certainement je ne rêve pas. Mais demain je vais mourir, et aujourd'hui je voudrais décharger mon âme. Mon dessein immédiat est de livrer au monde, clairement, succinctement et sans commentaire, une série de simples événements domestiques. Dans leurs conséquences, ces événements m'ont terrifié, m'ont torturé, m'ont anéanti. Cependant, je ne tenterai pas de les expliquer. Pour moi, ils ne m'ont guère inspiré autre chose que de l'horreur ; à beaucoup de personnes ils paraîtront moins terribles que baroques. Plus tard peut-être il se trouvera une intelligence qui réduira mes visions à l'état de lieu commun ; quelque intelligence plus calme, plus logique, et beaucoup moins excitable que la mienne, qui ne percevra dans les circonstances que je détaille avec effroi, rien d'autre qu'un enchaînement ordinaire de causes et d'effets tout à fait naturels.

Dès ma plus tendre enfance, on remarqua la docilité et l'humanité de mon caractère. Ma tendresse de cœur était si manifeste qu'elle m'exposa à la moquerie de mes camarades. J'aimais particulièrement les bêtes et mes parents m'offrirent une grande variété d'animaux domestiques. Je passais avec eux le plus clair de mon temps et n'étais jamais aussi heureux que quand je les nourrissais et les caressais. Cette particularité de mon caractère se renforça avec l'âge et, quand je devins homme, j'en fis l'une de mes principales sources de plaisir.

---

time) *à l'avenir, dorénavant.* 3. *dans la vie à venir, dans l'autre monde.* Cf. **in the hereafter** : *dans l'au-delà.*

11. phantasm = ***product of fantasy*** : 1. ***illusion.*** 2. ***ghost.*** 3. ***figment of the imagination.***

12. a commonplace = ***something commonly found.***

13. an intellect = ***a person with great intellectual powers.***

14. infancy ['ɪnfənsɪ] = ***early childhood.***

15. disposition : *caractère naturel, nature.* Ex. : **he is of a kindly disposition** : *c'est une bonne nature.*

16. conspicuous : *manifeste, apparent ; frappant, éminent.*

17. jest : *plaisanterie, badinage.*

18. indulge in sth : *s'octroyer/s'accorder qch.* Ex. : **he indulged in a glass of whisky.** Cf. **Will you indulge?** : *Voulez-vous boire qch ?*

To those who have cherished[1] an affection for a faithful and sagacious[2] dog, I need hardly be at the trouble of explaining the nature or the intensity of the gratification thus derivable[3]. There is something in the unselfish[4] and self-sacrificing love of a brute[5], which goes directly to the heart of him who has had frequent occasion to test the paltry[6] friendship and gossamer[7] fidelity of mere *Man*[8].

I married early, and was happy to find in my wife a disposition not uncongenial[9] with my own. Observing my partiality[10] for domestic pets, she lost no opportunity of procuring[11] those of the most agreeable kind. We had birds, gold-fish, a fine dog, rabbits, a small monkey, and *a cat*.

This latter was a remarkably large and beautiful animal, entirely black, and sagacious to an astonishing degree. In speaking of his intelligence, my wife, who at heart was not a little tinctured[12] with superstition, made frequent allusion to the ancient popular notion, which regarded all black cats as witches in disguise. Not that she was ever *serious* upon this point – and I mention the matter at all for no better reason than that it happens, just now, to be remembered.

Pluto[13] – this was the cat's name – was my favorite pet and playmate. I alone fed him, and he attended[14] me wherever I went about the house. It was even with difficulty that I could prevent him from following me through the streets.

---

1. Cf. ***to cherish a hope*** : *caresser un espoir.*

2. **sagacious** [sə'geɪʃəs] : *intelligent, rusé, avisé.*

3. **derivable** : *que l'on peut tirer.* Cf. ***to derive a benefit from*** : *tirer bénéfice de.*

4. Notez le préfixe négatif **un** ajouté à l'adjectif **selfish** (*égoïste*). Cf. ***unselfish life*** (*vie d'abnégation*), ***unselfish act*** (*acte désintéressé*).

5. **brute** [bruːt] : *bête.* Cf. ***brute fidelity*** : *fidélité du chien.*

6. **paltry** ['pɑːltrɪ] : *misérable, mesquin.* Ex. : ***a paltry sum*** : *une somme dérisoire.*

7. **gossamer** : 1. (nom) *filandres*; *gaze légère.* 2. (adj.) *très léger*; *frivole.*

8. Le narrateur utilise ici le lieu commun de la bonté naturelle, de la fidélité et du dévouement des animaux domestiques pour leur maître par opposition à l'hypocrisie et la traîtrise des hommes afin de rendre plus horrible les crimes commis à leur égard.

A ceux qui ont nourri une affection pour un chien fidèle et sagace, je n'ai pas besoin d'expliquer la nature ou l'intensité des satisfactions qu'on peut en tirer. Il y a dans l'amour, plein de dévouement et d'abnégation que vous porte un animal, quelque chose qui va droit au cœur de celui qui a eu fréquemment l'occasion de vérifier la médiocrité de l'amitié et la fragilité de la fidélité des hommes.

Je me mariai jeune et fus heureux de trouver chez ma femme des dispositions assez semblables aux miennes. Observant ma prédilection pour les animaux domestiques, elle ne perdit aucune occasion de me procurer les plus agréables d'entre eux. Nous eûmes des oiseaux, des poissons rouges, un beau chien, des lapins, un petit singe et un chat.

Ce dernier était un animal d'une taille et d'une beauté remarquables, entièrement noir, et d'une sagacité stupéfiante. En parlant de son intelligence, ma femme, qui au fond n'était pas peu pénétrée de superstition, faisait de fréquentes allusions à l'ancienne croyance populaire qui regardait tous les chats noirs comme des sorcières déguisées. Ce n'est pas qu'elle fût toujours sérieuse sur ce point, et, si je mentionne la chose, c'est simplement parce que cela me revient, à l'instant même, à l'esprit.

Pluton, c'était le nom du chat, était mon animal et mon compagnon préféré. J'étais le seul à le nourrir, et il me suivait dans la maison partout où j'allais. C'était même avec difficulté que je parvenais à l'empêcher de me suivre dans la rue.

---

9. Cf. ***congenial*** : *du même caractère, de la même nature. Ex.* : ***we have congenial tastes*** : *nous avons des goûts communs.*

10. **partiality** : *prédilection ; préférence marquée ; faible* (***for sth***, *pour qch*).

11. **procure** : *obtenir, procurer. Le nom **procurer** a aussi le sens de proxénète, entremetteur. Il fait au féminin **procuress**.*

12. **tincture** : *teindre, colorer. Ex.* : ***opinions tinctured with heresy*** : *opinions teintées d'hérésie.*

13. Dans la mythologie romaine Pluton (***Pluto***) était le Dieu des Enfers, le pendant d'Hadès chez les Grecs. Tout ce que la mort saisit sur Terre lui appartient et tout ce que les morts ont eu durant leur vie lui revient.

14. **attend** (trans.) : *suivre ; accompagner ; être au service de. Cf.* ***to attend the injured*** : *donner des soins aux blessés.*

Our friendship lasted, in this manner, for several years, during which my general temperament and character – through the instrumentality[1] of the Fiend[2] Intemperance[3] – had (I blush to confess it) experienced a radical alteration for the worse[4]. I grew, day by day, more moody, more irritable, more regardless of the feelings of others. I suffered myself to use intemperate[5] language to my wife. At length, I even offered her personal violence[6]. My pets, of course, were made[7] to feel the change in my disposition. I not only neglected, but ill-used[8] them. For Pluto, however, I still retained[9] sufficient regard to restrain me from[10] maltreating[11] him, as I made no scruple of maltreating the rabbits, the monkey, or even the dog, when by accident, or through affection, they came in my way. But my disease grew upon me – for what disease is like Alcohol! – and at length even Pluto, who was now becoming old, and consequently somewhat peevish[12] – even Pluto began to experience the effects of my ill temper.

One night, returning home, much[13] intoxicated[14], from one of my haunts[15] about town, I fancied that the cat avoided my presence. I seized him; when, in his fright at my violence, he inflicted a slight wound upon my hand with his teeth. The fury of a demon instantly possessed me. I knew myself no longer. My original[16] soul seemed, at once, to take its flight from my body;

---

1. Cf. *instrumental* = *serving as a means, agent or tool*.

2. **fiend** [fi:nd] : *démon* ; *monstre*.

3. **intemperance** = *excessive drinking* = *alcoholism*.

4. **for the worse** : *pour le pire*.

5. **intemperate** (*immodéré*) ; **temperate** (*modéré* ; *sobre*). L'adjectif peut aussi s'appliquer aux personnes dans le sens de *given to excessive use of alcohol*.

6. On imagine à ce moment que le meurtre pour lequel le narrateur va être exécuté est probablement celui de sa femme.

7. Notez les constructions avec **make**, qui est suivi de la base verbale à l'actif (*to make sb do sth*, *faire faire qch à qn*) mais de l'infinitif complet au passif (*to be made to do sth*).

8. **ill-use** = *use badly*. Notez les composés faits avec l'adjectif, ex. : *ill-bred* (*mal élevé*), *ill-prepared* (*mal préparé*), *ill-informed* (*mal informé*), *ill-equipped* (*mal équipé*) etc.

Notre amitié dura ainsi plusieurs années, pendant lesquelles l'ensemble de mon caractère et de mon tempérament, par l'intermédiaire du Démon Intempérance, je rougis de le confesser, subit une altération radicalement mauvaise. Je devins de jour en jour d'humeur plus capricieuse, plus irritable, plus insoucieux des sentiments des autres. Je me permis d'adresser des paroles violentes à ma femme. Je finis même par lui infliger des violences physiques. Mes animaux eurent, eux aussi, à subir le changement de mon caractère. Non seulement je les négligeais, mais je les maltraitais. Pour Pluton, cependant, j'avais encore assez de considération pour éviter de le malmener, tandis que je n'éprouvais aucun scrupule à maltraiter les lapins, le singe et même le chien, quand par hasard ou par affection, ils se jetaient sur mon chemin. Mais mon mal m'envahissait de plus en plus, car quel mal est comparable à l'Alcool ? et, à la longue Pluton lui-même, qui maintenant se faisait vieux et qui, par conséquent devenait quelque peu grognon, Pluton lui-même commença à connaître les effets de mon méchant caractère.

Une nuit, comme je rentrais au logis très ivre, au sortir d'une des tavernes de la ville où j'avais mes habitudes, je m'imaginais qu'il évitait ma présence. Je le saisis ; mais lui, effrayé de ma violence, m'infligea, avec les dents, une légère blessure à la main. Une fureur de démon s'empara soudain de moi. Je ne me reconnus plus. Mon âme originelle sembla, tout à coup, s'envoler de mon corps

---

9. **retain** [rɪ'teɪn] : *retenir, garder*.
10. **to restrain sb from doing sth** : *empêcher qn de faire qch*.
11. **maltreat** = *abuse*. A partir du verbe, on forme les substantifs ***maltreater*** et ***maltreatment***.
12. **peevish** ['piːvɪʃ] : *grognon* ; *irritable*.
13. **much** est ici un adverbe qui a le sens de ***very***, ***considerably***.
14. **intoxicated** = ***affected by alcohol*** = ***drunk***.
15. **haunt** [hɔːnt] : *lieu de prédilection* ; *repère*. Cf. **to haunt** : *hanter*.
16. **original** a ici le sens de *d'origine, de naissance*.

and a more than fiendish malevolence[1], gin-nurtured[2], thrilled[3] every fibre[4] of my frame. I took from my waistcoat-pocket a pen-knife, opened it, grasped[5] the poor beast by the throat, and deliberately cut one of its eyes from the socket! I blush, I burn[6], I shudder, while I pen the damnable atrocity[7].

When reason returned with the morning – when I had slept off[8] the fumes of the night's debauch[9] – I experienced a sentiment half of horror, half of remorse, for the crime of which I had been guilty; but it was, at best, a feeble and equivocal[10] feeling, and the soul remained untouched. I again plunged into excess[11], and soon drowned in wine all memory of the deed.

In the meantime the cat slowly recovered. The socket of the lost eye presented, it is true, a frightful appearance, but he no longer appeared to suffer any pain. He went about the house as usual, but, as might be expected, fled in extreme terror at my approach. I had so much of my old heart left, as to be at first grieved[12] by this evident dislike on the part of a creature which had once so loved me. But this feeling soon gave place to irritation. And then came, as if to my final and irrevocable overthrow[13], the spirit of PERVERSENESS[14]. Of this spirit philosophy takes no account. Yet I am not more sure that my soul lives, than I am that perverseness is one of the primitive impulses[15] of the human heart – one of the indivisible[16] primary faculties, or sentiments, which give direction to the character of man.

---

1. **malevolence (towards)** : *malveillance (envers)*.

2. **gin-nurtured** = ***nurtured by gin*** : *nourri par le gin*. Le gin est une eau-de-vie à base de grains et de baies de genévrier qui a commencé à être fabriquée à Londres à la fin du XVIIe siècle.

3. Cf. ***joy thrilled through his heart*** : *la joie vibrait dans son cœur*.

4. Attention à la prononciation de **fibre** ['faɪbə'].

5. **to grasp** : *saisir, empoigner*.

6. Cf. ***his cheeks were burning with shame*** : *il avait les joues rouges de honte*.

7. L'œil arraché en punition du coup de dent est pure perversité et va bien au delà de l'antique loi du Talion, « œil pour œil, dent pour dent ». Cette vengeance disproportionnée suffit à damner son auteur.

8. Notez la construction de ce verbe à particule à partir de **sleep** (*dormir*) et la particule adverbiale **off**, qui exprime le changement (de position ou

et une méchanceté absolument diabolique, entretenue par le gin, pénétra toutes les fibres de mon être. Je tirai de la poche de mon gilet un canif, je l'ouvris ; je saisis la pauvre bête par la gorge, et délibérément je fis sauter un de ses yeux de son orbite ! Je rougis, je brûle, je frissonne en écrivant cette atrocité abominable !

Quand la raison me revint avec le matin, quand le sommeil eut dissipé les vapeurs de ma débauche nocturne, j'éprouvai un sentiment moitié d'horreur, moitié de remords, pour le crime dont je m'étais rendu coupable ; mais c'était, tout au plus, un sentiment faible et ambigu, qui n'avait pas touché mon âme. Je me replongeai dans les excès, et bientôt je noyai dans le vin tout souvenir de l'acte.

Pendant ce temps, le chat se remit peu à peu. L'orbite de l'œil perdu présentait, il est vrai, un aspect effroyable, mais il ne semblait plus en souffrir. Il allait et venait dans la maison, comme avant, mais, comme je pouvais m'y attendre, il fuyait avec une extrême terreur à mon approche. Il me restait assez de mon ancien cœur pour me sentir d'abord affligé de cette aversion évidente qu'éprouvait à mon égard cette créature qui m'avait, jadis, tant aimé. Mais ce sentiment fit bientôt place à l'irritation. Et alors apparut, comme pour ma ruine ultime et définitive, l'esprit de PERVERSITÉ. De cet esprit la philosophie ne tient aucun compte. Pourtant, aussi sûr que mon âme existe, je crois que la perversité est l'un des premiers élans du cœur humain, une des facultés ou des sentiments premiers et indivisibles qui façonnent le caractère de l'homme.

---

d'état) pour indiquer que le sommeil fait disparaître l'intoxication alcoolique et que le narrateur a cuvé l'alcool dont il s'était imbibé.

9. **debauch** [dɪˈbɔːtʃ] = *act of debauchery*.

10. **equivocal** : *équivoque, ambigu* ; *incertain* ; *suspect, douteux*.

11. Cf. **to drink to excess** : *boire plus que de raison* ; **to commit excesses** : *commettre des excès, des cruautés*.

12. **grieved** [griːvd] : *chagriné, affligé, peiné* (**at sth**, *de qch*). Cf. **to grieve** : 1. (trans.) *affliger*. 2. (intr.) *s'affliger*. **grief** : *le chagrin*.

13. **overthrow** : *subversion* ; *chute, renversement* ; *ruine, défaite* ; *déroute*. Cf. **to overthrow** : *renverser* ; *défaire, vaincre*.

14. **perverseness** [pərˈvɜːrsnəs] : *perversité* ; *méchanceté*.

15. Cf. **the vital impulse** : *l'élan vital*.

16. Par **indivisible**, l'auteur entend qu'il s'agit d'un des fondements de la nature humaine.

Who has not, a hundred times, found himself committing a vile[1] or a silly action, for no other reason than because he knows he should[2] *not*? Have we not a perpetual inclination, in the teeth[3] of our best judgment[4], to violate that which is *Law*, merely because we understand it to be such[5]? This spirit of perverseness, I say, came to my final overthrow. It was this unfathomable[6] longing[7] of the soul *to vex*[8] *itself* – to offer violence to its own nature – to do wrong for the wrong's sake[9] only – that urged me to continue and finally to consummate[10] the injury I had inflicted upon the unoffending[11] brute. One morning, in cool blood, I slipped a noose about its neck and hung it to the limb[12] of a tree – hung it with the tears streaming from my eyes, and with the bitterest remorse at my heart – hung it *because* I knew that it had loved me, and *because* I felt it had given me no reason of offence[13] – hung it *because* I knew that in so doing I was committing a sin – a deadly sin that would so jeopardize[14] my immortal soul as to place it – if such a thing were possible – even beyond the reach of the infinite mercy of the Most Merciful and Most Terrible God.

On the night of the day on which this cruel deed was done, I was aroused from sleep by the cry of fire. The curtains of my bed were in flames. The whole house was blazing[15]. It was with great difficulty that my wife, a servant, and myself, made our escape from the conflagration[16].

---

1. **vile** : *vil, abject, infâme, ignoble.*

2. **should** n'est pas seulement ici l'expression d'une opinion mais il a un sens d'obligation (ou plus exactement, avec **not**, d'interdiction) morale.

3. Cf. *in the teeth of all opposition* : *en dépit de toute opposition* ; *to have in the teeth of the wind* : *avoir le vent debout.*

4. Cf. *to the best of my judgment* : *à mon humble avis* ; *autant que je peux en juger.*

5. En lui disant que la perversité est un des instincts fondamentaux du cœur humain, le narrateur plonge le lecteur dans les abîmes de sa conscience en l'obligeant à penser aux cruautés injustifiables qu'il a pu commettre et aux péchés dont il a le plus honte.

6. **unfathomable** [ʌnˈfæðəməbl] : *insondable* ; *sans fond* ; *impénétrable.*

7. **longing** : *désir ardent, grande envie* ; *aspiration* (**for/after**, *de*). Cf. *to long for sth* : *désirer ardemment qch.*

Qui ne s'est pas surpris cent fois à commettre une action stupide ou abjecte, pour la seule raison qu'il savait devoir ne pas la commettre ? N'avons-nous pas une perpétuelle inclination, contre notre bon sens, à violer ce qui est la Loi, simplement parce que nous comprenons que c'est la Loi ? Cet esprit de perversité, dis-je, vint précipiter ma ruine définitive. C'est ce désir ardent et impénétrable de l'âme de se torturer elle-même, de violenter sa propre nature, de faire le mal pour l'amour du mal seul, qui me poussait à continuer, et finalement à consommer le supplice que j'avais infligé à cet animal innocent. Un matin, de sang-froid, je glissai un nœud coulant autour de son cou, et je le pendis à la branche d'un arbre ; je le pendis avec des larmes plein les yeux, et d'atroces remords dans le cœur ; je le pendis, parce que je savais qu'en faisant ainsi je commettais un péché, un péché mortel qui compromettait mon âme immortelle, au point de la placer, si une telle chose était possible, hors de portée même de la miséricorde infinie du Dieu Très-Miséricordieux et Très-Terrible.

Dans la nuit qui suivit le jour où fut commise cette action cruelle, je fus tiré de mon sommeil par le cri : Au feu ! Les rideaux de mon lit étaient en flammes. Toute la maison flambait. Ce ne fut pas sans grande difficulté que nous échappâmes à l'incendie, ma femme, une domestique, et moi.

---

8. **to vex** : *vexer ; fâcher ; contrarier.*

9. Cf. ***art for art's sake*** : *l'art pour l'art.*

10. **to consummate** : *consommer (un mariage, un crime).*

11. **unoffending** : *innocent.* Cf. ***to offend*** : 1. (trans.) *blesser, offenser ; outrager.* 2. (intr.) *commettre une infraction.*

12. Pour le corps humain le mot **limb** a le sens de *membre* (cf. ***lower limbs*** : *membres inférieurs*) mais il désigne ici *la grosse branche d'un arbre.*

13. **offence** : *sujet de mécontentement/déplaisir.*

14. **to jeopardise** = ***jeopardize*** ['dʒepəʳdaɪz] : *compromettre ; menacer, mettre en péril.*

15. **to blaze** : *flamber ; flamboyer.*

16. **conflagration** : *embrasement, incendie, conflagration.*

The destruction was complete. My entire worldly[1] wealth was swallowed[2] up, and I resigned myself[3] thenceforward[4] to despair.

I am above the weakness of seeking to establish a sequence of cause and effect, between the disaster and the atrocity[5]. But I am detailing[6] a chain of facts, and wish not to leave even a possible link imperfect. On the day succeeding the fire, I visited the ruins. The walls, with one exception, had fallen in[7]. This exception was found in a compartment[8] wall, not very thick, which stood about the middle of the house, and against which had rested[9] the head of my bed. The plastering[10] had here, in great measure, resisted the action of the fire – a fact which I attributed to its having been recently spread. About this wall a dense crowd were collected, and many persons seemed to be examining a particular portion of it with very minute[11] and eager attention. The words "strange!" "singular!" and other similar expressions, excited my curiosity. I approached and saw, as if graven[12] in *bas relief*[13] upon the white surface, the figure[14] of a gigantic *cat*. The impression was given with an accuracy truly marvellous[15]. There was a rope about the animal's neck.

When I first beheld this apparition – for I could scarcely[16] regard it as less – my wonder and my terror were extreme. But at length reflection came to my aid[17]. The cat, I remembered, had been hung in a garden adjacent to the house.

---

1. **worldly** : *du monde*; *d'ici-bas*. Cf. ***worldly interests*** : *intérêts matériels*; ***worldliness*** : *attachement aux plaisirs de ce monde*; *mondanité*.

2. **to swallow** : *avaler, ingurgiter*. La particule **up** donne l'idée de totalité, d'où ***swallow up*** : *engloutir*; *dévorer*.

3. Cf. **to resign oneself to sleep** : *s'abandonner au sommeil*; **to resign oneself to one's fate** : *se résigner à son sort*.

4. **thenceforward** = ***thenceforth*** (adv.) : *dès lors*; *à partir de ce jour*; *désormais*.

5. Cette déclaration ne peut que renforcer l'idée, donnée au lecteur, d'un châtiment divin.

6. **to detail** : *raconter en détail*; *énumérer*.

7. **to fall in** : *s'écrouler, s'effondrer*; *s'ébouler*.

8. Cf. *a compartment* = *one of the parts into which an enclosed space is divided*.

La destruction fut complète. Toute ma fortune ici-bas fut engloutie, et je m'abandonnai dès lors au désespoir.

Je n'aurai pas la faiblesse d'essayer d'établir une relation de cause à effet entre l'atrocité commise et cet affreux désastre. Mais je rends compte d'une chaîne de faits, et je ne veux pas négliger le moindre anneau. Le lendemain de l'incendie, je visitai les ruines. Les murs, à l'exception d'un seul, s'étaient écroulés. Le seul encore debout était une cloison, peu épaisse, située à peu près au milieu de la maison, et contre laquelle s'appuyait le chevet de mon lit. Le plâtre avait ici, en grande partie, résisté à l'action du feu, fait que j'attribuai à ce qu'il avait été récemment remis à neuf. Autour de ce mur, une foule compacte était rassemblée, et plusieurs personnes semblaient en examiner une portion particulière avec une minutieuse et vive attention. Les mots « étrange ! », « singulier ! » et autres expressions de ce genre, excitèrent ma curiosité. Je m'approchai, et je vis, semblable à un bas-relief sculpté sur la surface blanche, l'image d'un chat gigantesque. La représentation était d'une exactitude vraiment merveilleuse. Il y avait une corde autour du cou de l'animal.

Tout d'abord, en voyant cette apparition, car je ne pouvais guère considérer cela que comme une apparition, mon étonnement et ma terreur furent extrêmes. Mais enfin, la réflexion vint à mon aide. Le chat, je m'en souvenais, avait été pendu dans un jardin adjacent à la maison.

---

9. **to rest** : *reposer*.
10. **plastering** : *enduit de plâtre* ; *plâtrage*.
11. **minute** [maɪˈnjuːt] : 1. *minuscule*. 2. *minutieux*.
12. **graven** est le participe passé irrégulier de **to grave** (*graver, ciseler, tailler*), utilisé souvent au sens figuré. Cf. ***graven in his memory***.
13. Notez la prononciation de ce mot emprunté au français : [ˈbæsrɪˌliːf].
14. **figure** [ˈfɪɡəʳ] : *figure* ; *image* ; *représentation* ; *illustration*.
15. Après avoir décrit une suite logique de causes et d'effets, le narrateur fait surgir une apparition totalement surnaturelle (« ***truly marvellous*** »).
16. **scarcely** est comme **hardly** un adverbe semi-négatif qui ne peut donc être utilisé avec un verbe à la forme négative.
17. Cf. ***to go to sb's aid*** : *se porter au secours de qn*.

Upon the alarm[1] of fire, this garden had been immediately filled by the crowd – by some one of whom[2] the animal must have been[3] cut from the tree and thrown, through an open window, into my chamber. This had probably been done with the view of[4] arousing[5] me from sleep. The falling of other walls had compressed the victim of my cruelty into the substance of the freshly-spread plaster[6]; the lime[7] of which, with the flames, and the *ammonia*[8] from the carcass, had then accomplished the portraiture[9] as I saw it.

Although I thus[10] readily[11] accounted to[12] my reason, if not altogether to my conscience, for the startling fact just detailed, it did not the less[13] fail to make a deep impression upon my fancy. For months I could not rid myself of the phantasm of the cat; and, during this period, there came back into my spirit a half-sentiment that seemed, but was not, remorse. I went so far as to[14] regret the loss of the animal, and to look about me, among the vile haunts which I now habitually frequented, for another pet of the same species, and of somewhat similar appearance, with which to supply its place[15].

One night as I sat, half stupified[16], in a den of more than infamy, my attention was suddenly drawn to some black object, reposing upon the head of one of the immense hogsheads[17] of Gin, or of Rum, which constituted the chief furniture of the apartment[18].

---

1. Cf. ***to give/raise the alarm to sb*** : *donner l'alarme à qn*.

2. **whom** fait référence aux gens qui constituent la foule.

3. Notez l'utilisation de **must** + **have** + participe passé pour indiquer une quasi-certitude à propos d'un événement passé.

4. **with a view to** = ***with a view of*** (***doing sth***) : *en vue de ; dans l'intention de*. Est toujours suivi d'un gérondif.

5. **to arouse** [ə'raʊz] **sb** : *éveiller/réveiller qn*.

6. Le plâtre, contrairement au bois, était un matériau ignifuge, qui résistait donc en cas d'incendie.

7. **lime** : *chaux*. La chaux est une poudre à base de calcaire utilisée depuis l'Antiquité dans la construction. Elle servait de liant pour la construction avant qu'on ne découvre le ciment (seulement au milieu du XIXᵉ).

8. L'ammoniaque est produit naturellement par la putréfaction des matières végétales et animales azotées.

Aux cris d'alarme, ce jardin avait immédiatement été envahi par la foule, et l'animal avait dû être détaché par quelqu'un, et jeté dans ma chambre à travers une fenêtre ouverte. Cela avait été fait, probablement, dans le but de m'arracher à mon sommeil. L'écroulement des autres murs avait comprimé la victime de ma cruauté dans la substance du plâtre fraîchement enduit ; la chaux de ce mur s'était combinée, sous l'action des flammes, avec l'ammoniaque dégagé par le cadavre pour dessiner le portrait tel que je le voyais.

Bien que je satisfisse ainsi facilement ma raison, sinon tout à fait ma conscience, relativement au phénomène saisissant que je viens de décrire, il n'en fit pas moins sur mon imagination une impression profonde. Pendant plusieurs mois je ne pus me débarrasser du fantôme du chat ; et durant cette période un sentiment partagé revint dans mon âme, qui paraissait être, mais qui n'était pas du remords. J'allai jusqu'à déplorer la perte de l'animal et à chercher autour de moi, dans les bouges méprisables que maintenant je fréquentais habituellement, un autre compagnon de la même espèce et d'une apparence assez semblable pour le remplacer.

Une nuit, comme j'étais assis, à demi hébété, dans un repaire plus qu'infâme, mon attention fut soudain attirée par un objet noir, reposant sur le sommet d'une des immenses barriques de gin ou de rhum qui composaient le principal ameublement de la salle.

---

9. **portraiture** : *portrait* ; *art du portrait*.
10. **thus** : *ainsi, de cette manière*.
11. **readily** : *promptement, volontiers, de bon cœur* ; *facilement, aisément*.
12. **to account for sth** : *expliquer qch* ; *rendre compte de qch*.
13. **it did not the less** = ***it still did not***.
14. **to go so far as to do sth** : *aller jusqu'à faire qch*.
15. **to supply sb's place** : *occuper la place de qn*.
16. **to stupefy** : *hébéter* ; *abrutir* ; *engourdir*.
17. Le mot **hogshead** (*tonneau, barrique*) désignait un fût de 240 litres.
18. N'oublions pas que tous ces événements sont décrits par un alcoolique qui a une vision déformée de la réalité et fait partager au lecteur ses hallucinations.

I had been looking steadily[1] at the top of this hogshead for some minutes, and what now caused me surprise was the fact that I had not sooner perceived the object thereupon[2]. I approached it, and touched it with my hand. It was a black cat – a very large one – fully as large as Pluto, and closely resembling him in every respect but one. Pluto had not a white hair upon any portion of his body; but this cat had a large, although indefinite splotch[3] of white, covering nearly the whole region of the breast.

Upon my touching him, he immediately arose[4], purred loudly, rubbed against my hand, and appeared delighted with[5] my notice. This, then, was the very creature of which I was in search. I at once offered to purchase it of the landlord; but this person made no claim[6] to it – knew nothing of it – had never seen it before[7].

I continued my caresses, and, when I prepared to go home, the animal evinced[8] a disposition to accompany me. I permitted it to do so; occasionally stooping[9] and patting[10] it as I proceeded[11]. When it reached the house it domesticated[12] itself at once, and became immediately a great favourite[13] with my wife.

For my own part, I soon found a dislike to it arising within me. This was just the reverse of what I had anticipated[14]; but – I know not how or why it was – its evident fondness[15] for myself rather disgusted and annoyed[16].

---

1. **steadily** : *solidement* ; *fermement*.
2. **thereupon** (adv.) a ici le sens de ***thereon/on that*** (*dessus*).
3. **a splotch** est un mot utilisé principalement aux Etats-Unis et qui a le sens de ***a large spot*** (***of dirt, paint***, etc.), *tache*.
4. **to arise, arose, arisen** : *se lever*.
5. **delighted** [dɪ'laɪtɪd] : *enchanté, ravi* (**with sth**, *de qch*).
6. Cf. ***to make a claim for sth*** : *prétendre à qch* ; *s'attribuer qch*.
7. Tous ces détails sèment le doute chez le lecteur qui se demande si ce chat noir n'est pas Pluton, qui a survécu ou est revenu des Enfers.
8. **to evince** [ɪ'vɪns] : *montrer* ; *témoigner* ; *manifester*.
9. **to stoop** : *se pencher, se baisser*.

Depuis quelques minutes je regardais attentivement le haut de cette barrique, et ce qui me surprenait maintenant c'était de ne pas avoir encore aperçu l'objet qui se trouvait dessus. Je m'en approchai et le touchai avec la main. C'était un chat noir, un très gros chat, largement aussi gros que Pluton, et lui ressemblant exactement, excepté en un point. Pluton n'avait pas un poil blanc sur tout le corps tandis que celui-ci avait une tache blanche, large, mais d'une forme indécise, qui couvrait toute la région de la poitrine.

A peine l'eus-je touché qu'il se leva subitement, ronronna fortement, se frotta contre ma main, et sembla ravi de l'attention que je lui portais. C'était bien là la créature dont j'étais en quête. J'offris tout de suite au propriétaire de le lui acheter ; mais cet homme ne le revendiqua pas, ne le connaissait pas, ne l'avait jamais vu auparavant.

Je continuai mes caresses, et, quand je me préparai à retourner chez moi, l'animal se montra disposé à m'accompagner. Je lui permis de le faire, me baissant de temps à autre pour lui donner une petite tape amicale en marchant. Quand il fut arrivé à la maison, il s'y trouva comme chez lui, et rentra immédiatement dans les bonnes grâces de ma femme.

Pour ma part, je sentis bientôt monter en moi une antipathie contre lui. C'était justement le contraire de ce que j'avais espéré ; mais je ne sais ni comment ni pourquoi cela eut lieu, son évidente affection envers moi me dégoûtait presque et m'incommodait.

---

10. **to pat** : *tapoter*. Cf. ***a pat*** : *un petit coup*.

11. **to proceed** [prə'siːd] : *continuer, poursuivre sa route*. Ex. : ***Let us proceed to the dining-room*** : *Passons à la salle à manger*.

12. **to domesticate** : *apprivoiser ; acclimater*.

13. Cf. ***to be a favourite with sb*** : *être bien vu de qn ; être dans les bonnes grâces de qn*.

14. **to anticipate** = ***to look forward to as certain***.

15. **fondness** = ***affection, attachment***. Cf. ***to be fond of sb/sth*** : *aimer qn/qch*.

16. **to annoy** [ə'nɔɪ] = ***to irritate***.

By slow degrees[1], these feelings of disgust and annoyance rose into the bitterness of hatred. I avoided the creature; a certain sense of shame[2], and the remembrance[3] of my former deed of cruelty, preventing me from physically abusing[4] it. I did not, for some weeks, strike, or otherwise violently ill-use it[5]; but gradually – very gradually – I came to look upon[6] it with unutterable[7] loathing[8], and to flee silently from its odious[9] presence, as from the breath of a pestilence[10].

What added, no doubt, to my hatred of the beast, was the discovery, on the morning after I brought it home, that, like Pluto, it also had been deprived of one of its eyes[11]. This circumstance, however, only endeared it to my wife, who, as I have already said, possessed, in a high degree[12], that humanity of feeling which had once been my distinguishing trait[13], and the source of many of my simplest and purest pleasures.

With my aversion to this cat, however, its partiality[14] for myself seemed to increase. It followed my footsteps with a pertinacity which it would be difficult to make the reader comprehend. Whenever I sat, it would crouch[15] beneath my chair, or spring upon my knees, covering me with its loathsome[16] caresses. If I arose to walk it would get between my feet and thus nearly throw me down[17], or, fastening its long and sharp claws in my dress, clamber, in this manner, to my breast.

---

1. **by slow degrees** : *graduellement* ; *lentement*.
2. Cf. *a sense of injustice* : *un sentiment d'injustice*.
3. **remembrance** [rɪ'membrəns] : *souvenir*. Le jour anniversaire de l'armistice de 1918 est appelé **Remembrance Day**.
4. **to abuse** : *maltraiter*. On distingue les violences physiques (***physical abuse***) des violences verbales (***verbal abuse***).
5. **to ill-use** (**sb**) : *mal agir envers (qn)*.
6. **to look upon** (**sb, sth**) : *regarder (qn, qch)*.
7. **unutterable** : *inexprimable* ; *indescriptible* ; *indicible*. Cf. **to utter** (*a word*) : *prononcer (un mot)*.
8. **to loathe** [ləʊð] : *détester, exécrer* ; *avoir en horreur*.
9. **odious** ['əʊdɪəs] = ***arousing hatred or repugnance***.
10. **pestilence** : *peste*. Le mot *pestilence* est en français un synonyme vieilli et littéraire de *peste*. La peste pulmonaire (***pneumonic plague***), plus

Petit à petit, ces sentiments de dégoût et d'ennui s'élevèrent jusqu'à l'amertume de la haine. J'évitais la créature ; une certaine sensation de honte et le souvenir de mon premier acte de cruauté m'empêchèrent de la maltraiter. Pendant quelques semaines, je m'abstins de battre le chat ou de le malmener violemment, mais graduellement, insensiblement, j'en vins à le considérer avec une indicible horreur, et à fuir silencieusement son odieuse présence comme le souffle de la peste.

Ce qui ajouta sans doute à ma haine contre l'animal fut la découverte que je fis le matin, après l'avoir amené à la maison, que, comme Pluton, lui aussi avait été privé de l'un de ses yeux. Cette circonstance, toutefois, ne fit que le rendre plus cher à ma femme, qui, comme je l'ai déjà dit, possédait, à un haut degré, cette tendresse de sentiment qui jadis avait été mon trait distinctif et la source de beaucoup de mes plaisirs les plus simples et les plus purs.

Cependant, l'affection du chat pour moi paraissait s'accroître en raison de mon aversion envers lui. Il me suivait pas à pas avec une obstination qu'il serait difficile de faire comprendre au lecteur. Chaque fois que je m'asseyais, il se blottissait sous ma chaise, ou il sautait sur mes genoux, me couvrant de ses caresses répugnantes. Si je me levais pour marcher, il se fourrait dans mes jambes et me faisait presque tomber, ou bien, enfonçant ses griffes longues et pointues dans mes habits, grimpait, de cette manière, jusqu'à ma poitrine.

---

dangereuse et plus contagieuse que la peste bubonique, se transmet par les germes contenus dans les projections d'expectorations de personnes atteintes par la maladie.

11. La révélation de l'œil manquant amène le lecteur à penser que ce chat est bien Pluton et qu'il va essayer de se venger.

12. **in a high degree** : *éminemment.* Cf. ***in the highest degree*** : *au plus haut point.*

13. La femme du narrateur incarne le Bien et est, en cela, la « moitié » du narrateur que le démon de l'Intempérance a livrée au Mal.

14. Ex. : ***a mother's partiality for her children*** : *la faiblesse d'une mère pour ses enfants.*

15. **to crouch** [kraʊtʃ] : *se blottir, se tapir.*

16. **loathsome** : *repoussant, écœurant, répugnant.*

17. **to throw sb/sth down** : *jeter qn/qch à terre.*

At such times, although I longed to destroy[1] it with a blow, I was yet withheld[2] from so doing, partly by a memory of my former[3] crime, but chiefly – let me confess it at once – by absolute *dread*[4] of the beast.

This dread was not exactly a dread of physical evil – and yet I should be at a loss how otherwise to define it. I am almost ashamed to own – yes, even in this felon's[5] cell, I am almost ashamed to own[6] – that the terror and horror with which the animal inspired me, had been heightened[7] by one of the merest[8] chimeras[9] it would be possible to conceive. My wife had called my attention, more than once, to the character of the mark of white hair, of which I have spoken, and which constituted the sole visible difference between the strange beast and the one I had destroyed. The reader will remember that this mark, although large, had been originally very indefinite; but, by slow degrees – degrees nearly imperceptible, and which for a long time my Reason struggled to reject as fanciful[10] – it had, at length, assumed a rigorous distinctness[11] of outline[12]. It was now the representation of an object that I shudder to name – and for this, above all, I loathed, and dreaded, and would have rid[13] myself of the monster *had I dared* – it was now, I say, the image of a hideous – of a ghastly thing – of the GALLOWS![14] – oh, mournful[15] and terrible engine[16] of Horror and of Crime – of Agony and of Death!

---

1. Cf. *to destroy an injured horse* : *abattre un cheval blessé.*

2. to withold, withheld, withheld sb from doing sth : *retenir qn de faire qch.*

3. **former** : *antérieur, ancien.* Ex. : *my former pupils* : *mes anciens élèves.*

4. **dread** : *crainte, terreur, épouvante.* Cf. *to dread* : *craindre, redouter.*

5. **felon** ['felən] = *one who has committed a felony.* Cf. *a felony = a serious crime.* Le mot « félon » désigne, à l'origine, celui qui viole ses engagements envers son seigneur.

6. Cf. *to own to a mistake* : *reconnaître une erreur.*

7. **to heighten** : *accroître; augmenter; aggraver;* cf. **height** : *hauteur.*

8. **mere** [mɪərˈ] : *simple; pur.* Ex. : *it was by the merest chance that...* : *c'est par le plus grand des hasards que...*

Dans ces moments-là, quoique je mourusse d'envie de l'abattre d'un bon coup, j'en étais retenu, en partie par le souvenir de mon crime passé, mais principalement, je dois le confesser tout de suite, par une profonde terreur de la bête.

Cette terreur n'était pas exactement la terreur d'un mal physique, et cependant, je serais bien en peine de la définir autrement. Je suis presque honteux d'avouer, oui, même dans cette cellule de criminel, je suis presque honteux d'avouer que la terreur et l'horreur que m'inspirait l'animal avaient été accrues par l'une des plus parfaites chimères qu'il fût possible de concevoir. Ma femme avait appelé mon attention, plus d'une fois, sur le caractère de la tache blanche dont j'ai parlé, et qui constituait l'unique différence entre l'étrange bête et celle que j'avais tuée. Le lecteur se rappellera sans doute que cette marque, quoique grande, était à l'origine très imprécise dans sa forme ; mais lentement, par degrés, par des degrés imperceptibles, et que ma raison s'efforça longtemps de considérer comme imaginaires, elle avait à la longue pris une grande netteté de contours. Elle représentait à présent un objet que je frémis de nommer, et c'était là surtout ce qui me faisait prendre le monstre en haine et en horreur, et m'aurait poussé à m'en débarrasser, si je l'avais osé ; c'était maintenant, dis-je, l'image d'une chose hideuse, d'une chose épouvantable, l'image du GIBET ! Oh ! Lugubre et terrible machine ! Machine d'horreur et de crime, d'agonie et de mort !

---

9. **chimera** [kaɪˈmɪərə] : *chimère, vaine imagination.*
10. **fanciful** : *imaginaire ; fantaisiste.*
11. **distinctness** : *netteté.*
12. **outline** : *contour ; profil.*
13. ***to get rid of sth* = *to rid oneself of sth*** : *se défaire de qch.*
14. Cf. ***a gallows-bird*** : *un gibier de potence.* Ce gibet sur la poitrine du (deuxième ?) chat est la deuxième apparition surnaturelle.
15. **mournful** [ˈmɔːrnfʊl] : *triste, lugubre.* Cf. ***to mourn*** : *déplorer, (se) lamenter ;* ***mourning*** : *le deuil.*
16. **engine** : *engin ; machine ; appareil.*

And now was I indeed wretched[1] beyond the wretchedness of mere Humanity. And *a brute beast* – whose fellow I had contemptuously destroyed – *a brute beast* to work out[2] for *me* – for me, a man, fashioned in the image of the High God – so much of insufferable[3] woe[4]! Alas! neither by day nor by night knew I the blessing[5] of Rest any more! During the former[6] the creature left me no moment alone; and, in the latter, I started, hourly[7], from dreams of unutterable fear, to find the hot breath of *the thing* upon my face, and its vast weight – an incarnate[8] Night-Mare that I had no power to shake off – incumbent[9] eternally upon my *heart!*

Beneath the pressure of torments[10] such as these, the feeble remnant[11] of the good within me succumbed[12]. Evil thoughts became my sole[13] intimates[14] – the darkest and most evil of thoughts. The moodiness[15] of my usual temper increased to hatred of all things and of all mankind; while, from the sudden, frequent, and ungovernable outbursts of a fury to which I now blindly abandoned myself, my uncomplaining wife, alas! was the most usual and the most patient of sufferers.

One day she accompanied me, upon some household errand[16], into the cellar of the old building which our poverty compelled us to inhabit. The cat followed me down the steep stairs, and, nearly throwing me headlong[17], exasperated me to madness[18].

---

1. **wretched** ['retʃid] : *misérable, malheureux*. Cf. **wretchedness** : *misère, malheur*.

2. Cf. ***to work out one's time*** : *purger sa peine*.

3. **insufferable** : *insupportable, intolérable*.

4. **woe** [wəʊ] : *malheur*; *affliction*. Ex. : ***Woe to the vanquished***! : *Malheur aux vaincus !*

5. **blessing** : *bénédiction*. Ex. : ***the blessings of civilisation*** : *les bienfaits de la civilisation*.

6. **the former** (*le premier*) fait ici référence à **day** et **the latter** (*le second*) à **night**.

7. **hourly** = *at or during every hour*; *frequently*; *continually*.

8. **incarnate** [ɪnˈkɑːrnet] : *incarné, fait chair*.

9. **incumbent** a ici son sens archaïque de *couché, posé, appuyé*.

Et, à présent, j'étais vraiment malheureux au-delà du malheur possible de l'Humanité. Une bête brute, dont j'avais avec mépris tué le frère, une bête brute me faire plonger, moi, homme façonné à l'image du Dieu Très-Haut, dans de si grandes et si intolérables afflictions ! Hélas ! Je ne connaissais plus la béatitude du repos, ni le jour ni la nuit ! Durant le jour la créature ne me laissait pas seul un moment ; et pendant la nuit, quand, à chaque instant, j'étais tiré brutalement de rêves d'une horreur indescriptible, c'était pour sentir le souffle ardent de la chose sur mon visage, et son poids énorme, incarnation d'un cauchemar dont je n'avais pas le pouvoir de me délivrer, éternellement posé sur mon cœur.

Sous la pression de pareils tourments, le peu de bon qui restait en moi succomba. De mauvaises pensées devinrent mes seules intimes, les plus sombres et les plus mauvaises de toutes les pensées. La tristesse de mon humeur habituelle s'accrut jusqu'à la haine de toutes choses et de toute humanité ; cependant, ma femme, qui ne se plaignait jamais, hélas ! était mon souffre-douleur ordinaire, la plus patiente victime des soudaines, fréquentes et irrésistibles accès de furie, auxquels je m'abandonnais désormais aveuglément.

Un jour, elle m'accompagna pour quelque besogne domestique dans la cave du vieux bâtiment où notre pauvreté nous contraignait d'habiter. Le chat me suivit sur les marches raides de l'escalier, et, ayant failli me faire culbuter la tête la première, m'exaspéra jusqu'à la folie.

---

10. Cf. ***the torment of Tantalus*** : *le supplice de Tantale* ; ***to be in torment*** : *être au supplice*.

11. **remnant** : *reste, restant* ; *vestige*.

12. **to succumb** : *succomber* ; *céder*. Ex. : ***to succumb to one's injuries*** : *succomber à ses blessures*.

13. **sole** [səʊl] : *seul, unique*. Est homonyme de ***soul***.

14. Cf. ***his intimates*** : *ses intimes, ses familiers*.

15. Cf. ***moody*** : *chagrin, morose* ; *d'humeur changeante*.

16. Cf. ***to be on an errand*** : *faire une commission* ; *être en course*.

17. **headlong fall** : *chute la tête première*.

18. Le chat est ici l'instrument du diable qui va faire basculer le narrateur dans l'horreur en libérant, par la folie, toute sa perversité.

Uplifting[1] an axe, and forgetting, in my wrath[2], the childish dread which had hitherto[3] stayed my hand, I aimed a blow at the animal which, of course, would have proved instantly fatal had it descended as I wished. But this blow was arrested by the hand of my wife. Goaded[4], by the interference[5], into a rage more than demoniacal[6], I withdrew my arm from her grasp[7] and buried the axe in her brain. She fell dead upon the spot[8], without a groan[9].

This hideous[10] murder accomplished, I set myself forthwith[11], and with entire deliberation[12], to the task of concealing the body. I knew that I could not remove it from the house, either by day or by night, without the risk of being observed by the neighbours. Many projects entered my mind. At one period I thought of cutting the corpse into minute fragments, and destroying them by fire. At another, I resolved to dig a grave for it in the floor of the cellar. Again, I deliberated about casting it in the well in the yard – about packing it in a box, as if merchandize, with the usual arrangements[13], and so getting a porter to take it from the house. Finally I hit upon[14] what I considered a far better expedient[15] than either of these. I determined to[16] wall it up in the cellar – as the monks of the middle ages are recorded[17] to have walled up their victims.

---

1. **to uplift** : *soulever* ; *élever*.
2. **wrath** [rɑːθ] (*le courroux*) est un terme littéraire pour désigner la *colère* (**anger**).
3. **hitherto** [ˌhɪðərˈtuː] : *jusqu'ici, jusqu'à présent*.
4. **to goad** [gəʊd] : *aiguillonner* ; *piquer*.
5. **interference** : *intervention* ; *intrusion* ; *ingérence*.
6. Le mot suggère que le narrateur est désormais entièrement possédé par le Mal, ce qui crée un effet d'horreur pour le lecteur qui l'accompagne quand il commet l'irréparable.
7. Cf. **to escape from sb's grasp** : *échapper à l'étreinte de qn*.
8. **to fall dead on the spot** : *tomber raide mort*.

Levant une hache, et oubliant, dans ma rage, la peur puérile qui jusque-là avait retenu ma main, j'adressai à l'animal un coup qui eût été mortel, s'il avait porté comme je le voulais ; mais ce coup fut arrêté par la main de ma femme. Cette intervention me mit dans une rage plus que démoniaque ; je dégageai mon bras de son étreinte et lui enfonçai la hache dans le crâne. Elle tomba raide morte, sans un gémissement.

Ce crime odieux accompli, je me mis, sur-le-champ et tout bien considéré, à tout faire pour cacher le corps. Je compris que je ne pouvais pas le sortir de la maison, soit de jour, soit de nuit, sans courir le risque d'être observé par les voisins. Plusieurs projets me traversèrent l'esprit. Un moment j'eus l'idée de couper le cadavre en petits morceaux et de les faire disparaître par le feu. Puis je résolus de creuser une fosse dans le sol de la cave. Puis je pensai à le jeter dans le puits de la cour, puis à l'emballer dans une caisse, comme si c'était une marchandise, et, en prenant les dispositions habituelles, à demander à un porteur de l'enlever de la maison. Finalement, je m'arrêtai à un expédient que je considérai comme le meilleur de tous. Je me déterminai à l'emmurer dans la cave, comme les moines du Moyen Âge emmuraient, dit-on, leurs victimes.

La cave était fort bien adaptée à un pareil dessein.

---

9. **a groan** [grəʊn] : *gémissement, plainte.* Cf. **to groan** : *gémir.*

10. **hideous** ['hɪdɪəs] : *affreux, effroyable, horrible.*

11. **forthwith** : *sur le champ, sans délai, séance tenante.*

12. **to deliberate** : *réfléchir ; délibérer.* Cf. **after due deliberation** : *après mûre réflexion.*

13. **to make arrangements for sth** : *prendre des dispositions pour qch.*

14. **to hit on** : *trouver ; découvrir* (un moyen).

15. **expedient** : *expédient ; moyen ; artifice.*

16. **to determine** [dɪ'tɜːrmɪn] **to do/on doing sth** : *se résoudre/se décider à faire qch.*

17. **to record sth** : *relater, narrer, rapporter qch.*

For a purpose such as this the cellar was well adapted. Its walls were loosely[1] constructed, and had lately been plastered throughout with a rough plaster, which the dampness[2] of the atmosphere had prevented from hardening. Moreover, in one of the walls was a projection[3], caused by a false chimney[4], or fireplace, that had been filled up[5], and made to resemble the rest of the cellar. I made no doubt[6] that I could readily[7] displace the bricks at this point, insert the corpse, and wall the whole up as before, so that no eye could detect any thing suspicious[8].

And in this calculation I was not deceived. By means of a crow-bar I easily dislodged the bricks, and, having carefully deposited the body against the inner wall, I propped[9] it in that position, while, with little trouble, I relaid[10] the whole structure as it originally stood. Having procured mortar[11], sand, and hair[12], with every possible precaution, I prepared a plaster which could not be distinguished from the old, and with this I very carefully went over[13] the new brick-work. When I had finished, I felt satisfied that all was right. The wall did not present the slightest[14] appearance of having been disturbed. The rubbish on the floor was picked up[15] with the minutest care. I looked around triumphantly, and said to myself – "Here at least, then, my labor has not been in vain[16]."

My next step was to look for the beast which had been the cause of so much wretchedness; for I had, at length, firmly resolved to put it to death.

---

1. Cf. ***loose*** [lu:s] : *mal assujetti* ; *branlant*. Ex. : ***to get/come loose*** : *se détacher* ; *se dégager*. On notera la différence d'orthographe, de prononciation et de sens du verbe ***lose*** [lu:z] (*perdre*).

2. Cf. ***damp*** : *humide* ; *moite*.

3. **projection** : *saillie* ; *avancement*.

4. **chimney** ['tʃɪmnɪ] désigne le *conduit de cheminée* alors que ***fireplace*** fait référence au *foyer*, à l'*âtre*.

5. **to fill up** : *combler, remplir* ; *boucher* ; *condamner*.

6. Cf. ***Make no doubt about it!*** : *Soyez-en certain !*

7. **readily** ['redɪlɪ] a ici le sens de *aisément, facilement*.

8. Cf. ***to look suspicious*** : *avoir l'air louche*.

9. **to prop up** : *étayer* ; *soutenir*.

Les murs étaient une construction rudimentaire, et avaient été récemment enduits dans leur totalité dans un plâtre grossier que l'humidité ambiante avait empêché de durcir. De plus, dans l'un des murs, il y avait une saillie à cause d'une fausse cheminée, ou d'un ancien âtre, qui avait été bouchée et maçonnée dans le même genre que le reste de la cave. Je ne doutais pas qu'il me fût facile de déplacer les briques à cet endroit, d'y introduire le corps et de murer le tout de la même manière, de sorte qu'aucun œil n'y puisse rien déceler de suspect.

Et je ne fus pas déçu dans mon calcul. A l'aide d'une pince, je délogeai aisément les briques, et, ayant soigneusement appuyé le corps contre le mur intérieur, je le calai dans cette position jusqu'à ce que j'eusse reconstitué, sans peine, toute la maçonnerie dans son état primitif. M'étant procuré du mortier, du sable et de la bourre, avec toutes les précautions imaginables, je préparai un crépi qu'on ne pouvait distinguer de l'ancien, et j'en recouvris très soigneusement le nouveau briquetage. Quand j'eus fini, je vis avec satisfaction que tout était en ordre. Le mur ne présentait à aucun endroit l'apparence d'avoir été dérangé. Tout vestige des travaux fut, fort minutieusement, enlevé du sol. Je regardai triomphalement autour de moi, et me dis : « Ici, au moins, je ne me serai pas donné de la peine pour rien. »

Mon premier mouvement fut de chercher la bête qui avait été la cause d'un si grand malheur ; car, enfin, j'avais pris la ferme résolution de le mettre à mort.

---

10. **relaid** = ***laid again***. Cf. ***to lay, laid, laid*** : *disposer, arranger*.

11. **mortar** [ˈmɔːtəʳ] : *mortier*.

12. Il était d'usage en maçonnerie de mélanger des poils de vache (***cow's hair***) qu'on appelait de la bourre avec de la chaux (***lime***) et du sable (***sand***) pour faire un mortier traditionnel.

13. Ici, **over** est une préposition et non un adverbe. La traduction littérale serait *aller par-dessus*.

14. **slight** : *petit* ; *faible* ; *léger*.

15. L'utilisation du passif, ici, donne l'impresion que le narrateur est plus spectateur qu'acteur de cette scène.

16. La dissimulation du crime et la satisfaction de l'ouvrage accompli accroît l'horreur de l'acte.

Had I been able[1] to meet with it, at the moment, there could have been no doubt of its fate; but it appeared that the crafty[2] animal had been alarmed at the violence of my previous anger, and forebore[3] to present itself in my present mood. It is impossible to describe, or to imagine, the deep, the blissful[4] sense of relief which the absence of the detested creature occasioned in my bosom. It did not make its appearance during the night – and thus for one night at least, since its introduction into the house, I soundly and tranquilly slept[5]; aye[6], *slept* even with the burden of murder upon my soul[7]!

The second and the third day passed, and still my tormentor came not[8]. Once again I breathed as a freeman. The monster, in terror, had fled the premises forever! I should behold it no more! My happiness was supreme! The guilt of my dark deed disturbed me but little. Some few inquiries[9] had been made, but these had been readily answered. Even a search[10] had been instituted[11] – but of course nothing was to be discovered. I looked upon my future felicity[12] as secured[13].

Upon the fourth day of the assassination[14], a party of the police came, very unexpectedly, into the house, and proceeded again to make rigorous investigation of the premises[15]. Secure, however, in the inscrutability of my place of concealment, I felt no embarrassment whatever. The officers bade[16] me accompany them in their search. They left no nook or corner[14] unexplored.

---

1. **Had I been able** = *if I had been able*.

2. **crafty** : *astucieux* ; *sournois* ; *rusé*.

3. **to forbear, forbore, forborn (sth)** : *s'abstenir de (qch)*. Cf. **to forbear from doing sth** : *s'abstenir de faire qch*.

4. **blissful** : *heureux, bienheureux*. Cf. **bliss** : *béatitude, bonheur extrême*.

5. **to sleep soundly** : *dormir à poings fermés, dormir sur ses deux oreilles*. Cf. **sound** : *sain*.

6. **aye** [aɪ] : *oui*. On utilise encore ce mot pour les votes au parlement. Cf. **ayes and noes** : *voix pour et voix contre*.

7. Ce sommeil paisible qui est normalement celui du « juste » et non du criminel montre que le narrateur est une âme irrémédiablement perdue.

8. **came not** est une forme archaïque de **did not come**.

L'eussé-je trouvé à cet instant, nul doute que son destin eût été scellé ; mais il apparut que l'animal sournois avait été alarmé par la violence de ma dernière colère, et qu'il se gardait bien de se montrer dans l'état actuel de mon humeur. Il est impossible de décrire ou d'imaginer la profonde, la béate sensation de soulagement que l'absence de la détestable créature provoqua dans mon cœur. Elle ne se présenta pas de toute la nuit, et ainsi ce fut la première nuit depuis son introduction dans la maison où je dormis profondément et tranquillement ; oui, je dormis avec le poids de ce meurtre sur l'âme.

Le second et le troisième jour s'écoulèrent sans que mon bourreau ne fasse sa réapparition. A nouveau, je respirais comme un homme libre. Le monstre, dans sa terreur, avait vidé les lieux pour toujours ! Je ne le reverrais donc plus jamais ! Mon bonheur était suprême ! La culpabilité de ma ténébreuse action ne m'inquiétait plus guère. On m'avait bien posé quelques questions mais j'y avais facilement répondu. Une perquisition avait même été ordonnée, mais naturellement on ne pouvait rien découvrir. Je regardais ma félicité à venir comme assurée.

Le quatrième jour depuis l'assassinat, j'eus la visite, tout à fait inopinée, de quelques policiers qui étaient venus chez moi pour procéder de nouveau à une investigation rigoureuse des lieux. Sûr, néanmoins, que le mystère de ma cachette était impénétrable, je n'éprouvai pas le moindre embarras. Les policiers m'enjoignirent de les accompagner dans leurs recherches. Ils ne laissèrent aucun coin, aucun angle inexploré.

---

9. **inquiry** [ɪŋˈkwaɪəɸrɪ] : *enquête, recherche* ; *demande de renseignements.*
10. **a research** [rɪˈsɜːˈtʃ] : *une recherche.*
11. Cf. ***to institute an inquiry*** : *procéder à une enquête.*
12. **felicity** = ***great happiness***.
13. **to secure** [sɪˈkjʊəʳ] : *mettre en sûreté* ; *mettre à l'abri du danger.*
14. Le terme **assassination** est aujourd'hui réservé à l'assassinat de personnes éminentes et a donc, en général, un caractère politique et non crapuleux.
15. **the premises** : *les locaux, l'immeuble* ; *les lieux.*
16. **to bid**, qui fait au passé **bid** ou **bade** et au participe passé **bid** ou **bidden**, peut être suivi d'un infinitif complet ou d'une base verbale : **to bid sb (to) do sth** : *ordonner à qn de faire qch.*
17. Cf. ***every nook and corner*** : *tous les coins et recoins.*

At length, for the third or fourth time, they descended into the cellar. I quivered[1] not in a muscle. My heart beat calmly as that of one who slumbers[2] in innocence. I walked the cellar from end to end. I folded my arms[3] upon my bosom[4], and roamed[5] easily[6] to and fro. The police were[7] thoroughly satisfied and prepared to depart. The glee[8] at my heart was too strong to be restrained[9]. I burned to say if but one word, by way of triumph, and to render doubly sure their assurance of my guiltlessness[10].

"Gentlemen," I said at last, as the party ascended the steps, "I delight to have allayed[11] your suspicions. I wish you all health, and a little more courtesy. By the bye[12], gentlemen, this – this is a very well constructed house." (In the rabid[13] desire to say something easily, I scarcely knew what I uttered at all.) "I may say an *excellently* well constructed house. These walls – are you going, gentlemen?– these walls are solidly put together;" – and here, through the mere frenzy[14] of bravado, I rapped[15] heavily, with a cane which I held in my hand, upon that very portion of the brick-work behind which stood the corpse of the wife of my bosom.

But may God shield and deliver me from the fangs[16] of the Arch-Fiend[17]! No sooner had the reverberation of my blows sunk[18] into silence, than I was answered by a voice from within the tomb!

---

1. **to quiver** : *trembler, frémir, frissonner.* Ex. : ***voice quivering with emotion*** : *voix vibrante d'émotion.*

2. **to slumber** (littéraire et poétique) : *sommeiller, dormir (paisiblement).*

3. **to fold one's arms** : *se croiser les bras.* Cf. **to fold** : *plier.*

4. **bosom** ['bʊzəm] : *sein ; giron.* Ex. : ***to hide a letter in one's bosom*** : *cacher une lettre dans son sein.*

5. **to roam** [rəʊm] : *errer ; roder.* Ex. : ***to roam about the world*** : *courir le monde.*

6. Cf. ***to take life easily*** : *se laisser vivre.*

7. Notez l'usage d'un verbe au pluriel avec le mot **police**, qui désigne ici les policiers venus enquêter.

8. **glee** [gliː] : *joie ; gaieté ; allégresse.*

A la fin, pour la troisième ou la quatrième fois, ils descendirent dans la cave ; Pas un muscle en moi ne tressaillit. Mon cœur battait paisiblement, comme celui d'un homme qui dort dans l'innocence. J'arpentais la cave d'un bout à l'autre ; je croisais les bras sur la poitrine, et allait et venait tranquillement. La police était pleinement satisfaite et se préparait à repartir. La jubilation de mon cœur était trop forte pour être réprimée. Je brûlais de dire au moins un mot, rien qu'un mot, en manière de triomphe, et de rendre deux fois plus profonde leur conviction de mon innocence.

— Messieurs, dis-je enfin, comme leur troupe remontait l'escalier, je suis ravi d'avoir dissipé vos soupçons. Je vous souhaite à tous une bonne santé et un peu plus de courtoisie. Soit dit en passant, messieurs, voilà, voilà une maison très bien bâtie (dans un désir enragé de parler pour parler, j'avais à peine conscience des mots que je prononçais) ; je peux même dire que c'est une excellente construction. Ces murs, est-ce que vous partez, messieurs ? Ces murs sont solidement maçonnés !

Et ici, par une bravade frénétique, je frappai violemment avec une canne que j'avais à la main juste sur la partie du briquetage derrière laquelle se trouvait le cadavre de l'épouse de mon cœur.

Puisse Dieu au moins me protéger et me délivrer des griffes de Satan ! A peine l'écho de mes coups était-il tombé dans le silence, qu'une voix me répondit du fond de la tombe !

---

9. **to restrain** : *retenir* ; *contenir*.

10. Notez comment à partir du mot **guilt** (*culpabilité*), on forme l'adjectif **guiltless** (*innocent*) et le substantif **guiltlessness** (*innocence*).

11. **to allay** [ə'leɪ] : *dissiper* (***fear, suspicion, doubt***).

12. **by the bye** = ***incidentally, by the way***.

13. **rabid** ['ræbɪd] : 1. *enragé* ; (***with rabies***). 2. *fanatique*.

14. L'irrationalité du comportement du narrateur peut laisser croire que c'est ce qui lui reste de conscience qui le pousse à ce geste insensé qui lui permettra de recevoir le juste châtiment des hommes.

15. **to rap** : *frapper, donner un coup sec*.

16. **the fangs** : *les crocs*.

17. **the Arch-fiend** : *l'Archidémon, Satan*.

18. **to sink, sank, sunk** : *s'enfoncer* ; *pénétrer*.

– by a cry, at first muffled[1] and broken[2], like the sobbing[3] of a child, and then quickly swelling[4] into one long, loud, and continuous scream, utterly anomalous[5] and inhuman – a howl[6] – a wailing[7] shriek[8], half of horror and half of triumph, such as might have arisen only out of hell, conjointly from the throats of the dammed in their agony and of the demons that exult in the damnation.

Of my own thoughts it is folly to speak. Swooning[9], I staggered to the opposite wall. For one instant the party upon the stairs remained motionless, through extremity of terror and of awe. In the next, a dozen stout arms were toiling at the wall. It fell bodily[10]. The corpse, already greatly decayed and clotted[11] with gore[12], stood erect before the eyes of the spectators. Upon its head, with red extended mouth and solitary eye of fire, sat the hideous beast whose craft had seduced me into murder, and whose informing[13] voice had consigned[14] me to the hangman[15]. I had walled the monster up within the tomb[16]!

---

1. **to muffle** : *emmitoufler* ; *envelopper pour amortir* ; *assourdir*. Ex. : ***the carpet muffles every footfall*** : *le tapis étouffe tout bruit de pas*.

2. Cf. ***a cry broke from his lips*** : *un cri s'échappa de ses lèvres*.

3. Cf. **to sob** : *sangloter*.

4. **to swell, swelled, swelled/swollen** : *gonfler* ; *enfler*.

5. **anomalous** : *exceptionnel* ; *irrégulier* ; *anormal*.

6. **to howl** [haʊl] : *hurler*. Cf. ***to howl with the pack*** : *hurler avec les loups*.

7. **to wail** [weɪl] : *gémir*. Cf. ***the Wailing Wall (in Jerusalem)*** : *le mur des Lamentations*.

8. **to shriek** [ʃriːk] : *pousser des cris aigus*.

9. **to swoon** [swuːn] : *s'évanouir* ; *se pâmer* ; *défaillir*. Cf. ***to fall into a swoon*** : *tomber en syncope*.

10. **bodily** est ici un adverbe qui a le sens de *entièrement, en masse*. Ex. : ***they resigned bodily*** : *ils ont donné leur démission en masse*.

Une plainte, d'abord étouffée et entrecoupée, comme les sanglots d'un enfant, puis, bientôt, s'enflant en un gémissement prolongé, sonore et continu, tout à fait anormal et inhumain, un hurlement, un cri de plainte aigu, moitié horreur et moitié triomphe, comme il peut en monter seulement de l'Enfer, affreuse harmonie jaillissant à la fois de la gorge des damnés dans leurs supplices et des démons exultant dans la damnation.

Vous dire mes pensées, ce serait folie. Je me sentis défaillir, et je chancelai contre le mur opposé. Pendant un instant, les policiers qui étaient sur les marches restèrent immobiles, figés dans un état de terreur et d'horreur extrêmes. Un instant après, une douzaine de bras vigoureux s'acharnaient sur le mur. Il tomba tout d'une pièce. Le corps, déjà en décomposition avancée et couvert de sang caillé, apparut debout devant les yeux des spectateurs. Sur sa tête, avec la gueule rouge dilatée et l'œil unique flamboyant, était perchée l'horrible bête dont la ruse m'avait conduit au meurtre, et dont la voix traîtresse m'avait livré au bourreau. J'avais emmuré le monstre dans la tombe !

---

11. **to clot** : *se cailler* ; *se figer* ; *se coaguler*.

12. **gore** [gɔːʳ] = ***blood, especially clotted blood***. Ex. : ***he lay in his gore*** : *il baignait dans son sang*.

13. **to inform** : *renseigner*. Cf. **an informer** : *un indicateur*.

14. Cf. ***to consign sb to the scaffold*** : *livrer qn à l'échafaud*.

15. **the hangman** : *le bourreau*. Au XIXe siècle la pendaison était la méthode la plus courante pour l'exécution de la peine capitale aux Etats-Unis. La dernière exécution par pendaison a eu lieu en 1996.

16. L'évocation saisissante de l'enfer auquel est promis le narrateur et le surgissement du cadavre mettent le lecteur dans cet « état de terreur et d'horreur extrêmes » dans lequel se trouvent les policiers et qui atteint son paroxysme avec cette troisième et ultime apparition surnaturelle.

The Cask of Amontillado

La Barrique d'amontillado

The thousand injuries[1] of Fortunato I had borne as I best could[2], but when he ventured upon insult I vowed revenge[3]. You[4], who so well know the nature of my soul, will not suppose, however, that I gave utterance[5] to a threat. *At length* I would be avenged[6]; this was a point definitively settled – but the very definitiveness with which it was resolved precluded[7] the idea of risk. I must not only punish but punish with impunity. A wrong is unredressed[8] when retribution overtakes its redresser. It is equally unredressed when the avenger fails to make himself felt as such to him who has done the wrong.

It must be understood that neither by word nor[9] deed had I given[10] Fortunato cause to doubt my good will. I continued, as was my wont[11], to smile in his face, and he did not perceive that my smile *now* was at the thought of his immolation[12].

He had a weak point – this Fortunato – although in other regards he was a man to be respected and even feared. He prided himself upon his connoisseurship[13] in wine. Few Italians have the true virtuoso[14] spirit. For the most part their enthusiasm is adopted to suit the time and opportunity, to practice imposture upon the British and Austrian *millionaires*. In painting and gemmary, Fortunato, like his countrymen, was a quack[15], but in the matter of old wines he was sincere. In this respect I did not differ from him materially; – I was skilful in the Italian vintages myself, and bought largely whenever I could.

---

1. **an injury** ['ɪndʒərɪ] : *une blessure* ; *un mal* ; *un tort*. Attention : *injure* se dit ***insult***.

2. **as I best could** = *as well as I could*.

3. Cf. ***to vow revenge against sb*** : *faire vœu de se venger de qn*.

4. L'histoire est racontée à la première personne et le narrateur, qui s'adresse directement au lecteur (**You**), adopte un point de vue qui n'est pas neutre : ses exagérations (**a thousand injuries**) montrent combien ces insultes lui étaient insupportables et justifiaient son désir de vengeance.

5. Cf. ***to give utterance to one's feelings*** : *exprimer ses sentiments*.

6. **to be avenged** = ***to avenge oneself*** (***on one's enemies***) : *se venger* (*de ses ennemis*).

7. **to preclude** : *empêcher, prévenir, écarter*. Ex. : ***to preclude any misunderstanding*** : *pour prévenir tout malentendu*.

8. **to redress a wrong** : *réparer un tort*. Cf. ***a fault confessed is half redressed*** : *Faute avouée est à moitié pardonnée*.

Les mille tourments que Fortunato m'avait infligés, je les avais endurés avec constance mais dès qu'il se mit à m'insulter, je me promis de me venger de lui. Vous qui connaissez si bien la nature de mon âme, n'imaginez pas cependant que j'aie proféré la moindre menace. Je finirai par me venger ; c'était une chose bien arrêtée – mais la fermeté de ma résolution excluait une éventuelle prise de risques. Je devais non seulement le châtier mais le châtier en toute impunité. Un tort n'est pas redressé si un châtiment s'abat sur son redresseur. Il n'est pas non plus redressé si le vengeur ne parvient pas à ce que celui qui a fait du tort le reconnaisse.

On doit comprendre qu'aucune de mes paroles et aucun de mes actes n'avait permis à Fortunato de douter le moins du monde de ma bonne volonté. Je continuais, comme de coutume, à lui montrer un visage souriant et il ne s'aperçut pas que je souriais à la pensée de son immolation.

Il avait un point faible, ce Fortunato – quoique ce fût à d'autres égards un homme qui inspirait le respect et même la crainte. Il se vantait d'être un véritable connaisseur en vins. Il est rare que les Italiens soient vraiment des amateurs avertis. La plupart du temps la passion qu'ils proclament est de pure circonstance pour se livrer à un imposture sur un millionnaire britannique ou autrichien. En peinture et en joaillerie, Fortunato, comme ses compatriotes, était un charlatan, mais en matière de vieux vins, on pouvait lui faire confiance. De ce point de vue, je n'étais guère différent de lui ; je connaissais très bien les vins italiens et en achetait en quantité quand l'occasion se présentait.

---

9. **neither... nor ...** : *ni... ni...*

10. Si l'on place, par effet de style et en forme d'instance, **neither** en début de proposition, on doit avoir obligatoirement une construction verbale de type interrogatif (avec inversion de l'auxiliaire et du sujet).

11. **wont** : *coutume, habitude.* Ex. : ***it is my wont to...*** : *c'est mon habitude de ...*

12. **to immolate** = ***to offer in sacrifice.***

13. **connoisseurship** = ***fact of being a connoisseur*** (***in***, en). C'est un vieux mot français venant du latin *conoscere*. Le verbe s'orthographiait *conoistre* en ancien français.

14. **virtuoso** [vɜːrtʃʊˈəʊsəʊ] : 1. *virtuose.* 2. (archaïque) *amateur d'art ou d'antiquités, connaisseur.*

15. **quack** : *charlatan, guérisseur.*

It was about dusk¹, one evening during the supreme madness of the carnival² season, that I encountered my friend. He accosted³ me with excessive warmth, for he had been drinking much. The man wore motley⁴. He had on a tight-fitting parti-striped⁵ dress, and his head was surmounted⁶ by the conical cap⁷ and bells. I was so pleased to see him that I thought I should never have done wringing⁸ his hand.

I said to him – "My dear Fortunato, you are luckily met⁹. How remarkably well you are looking to-day. But I have received a pipe¹⁰ of what passes for Amontillado, and I have my doubts."

"How?" said he. "Amontillado¹¹? A pipe? Impossible! And in the middle of the carnival!"

"I have my doubts," I replied; "and I was silly enough to pay the full Amontillado price without consulting you in the matter¹². You were not to be found, and I was fearful of losing a bargain."

"Amontillado!"

"I have my doubts."

"Amontillado!"

"And I must satisfy them."

"Amontillado!"

"As you are engaged, I am on my way to Luchresi. If any one has a critical turn it is he. He will tell me –"

---

1. **dusk** : *crépuscule*. Ex. : ***at dusk*** : *à la nuit tombante* ; *entre chien et loup*.

2. **carnival** = ***the week before Lent*** (*le Carême*), ***devoted in Italy and other Roman Catholic countries to revelry*** (*réjouissances*) ***and other riotous*** (*débridés*) ***amusements. Applied figuratively to any season of revelry or riotous amusement***.

3. **to accost** : *accoster, aborder*. Ex. : ***to be accosted by a stranger*** : *être abordé par un inconnu*.

4. On appelait **motley** la livrée du bouffon du roi, habit multicolore. D'où l'usage du mot pour désigner des couleurs bigarrées ou un mélange de choses disparates. Ex. : ***a motley crowd*** : *une foule bigarrée*.

5. **parti-striped** = ***partly striped*** sur le modèle ***parti-coloured*** (= ***partly of one colour and partly of another***).

6. Cf. ***a mountain surmounted with snow*** : *une montagne couronnée de neige*.

7. Le chapeau pointu (***conical hat***) est l'attribut de la sorcière, du fou ou le bonnet d'âne, qu'on appelle **fool's cap** ou **dunce's cap**. On notera

C'est dans la pénombre du crépuscule, un soir où la folie du carnaval atteignait son paroxysme, que je tombai sur mon ami. Il m'aborda dans un grand état d'excitation car il avait beaucoup bu. Il avait un costume de bouffon de cour. Il portait un habit ajusté, à rayures multicolores et était coiffé d'un bonnet pointu orné de grelots. J'étais si content de le voir que je crus que la chaude poignée de main que je lui offris n'en finirait jamais.

Je lui dis :

— Mon cher Fortunato, quelle chance de vous rencontrer ! Vous êtes resplendissant aujourd'hui. A propos, J'ai reçu un foudre d'un vin qu'on m'a vendu pour de l'amontillado, mais j'ai quelques doutes.

— Comment, dit-il, de l'amontillado ? Un foudre ? Pas possible ! Et en plein carnaval !

— J'ai quelques doutes, répliquai-je, et j'ai été assez bête pour payer cet amontillado au prix fort, sans même vous avoir demandé votre avis. Je n'ai pas réussi à vous trouver et j'ai eu peur de laisser passer l'occasion.

— De l'amontillado !

— J'ai quelques doutes.

— De l'amontillado !

— Et je dois les lever.

— De l'amontillado !

— Comme vous êtes occupé, je me rends chez Luchresi. S'il y a quelqu'un que l'on puisse considérer comme un critique en vins c'est bien lui. Il me dira...

---

l'ironie de l'auteur qui fait porter un habit de fou à un personnage qui sera assez fou pour accepter la proposition que lui fera le narrateur.

8. Cf. *to wring (wrung, wrung) one's hands in despair* : *se tordre les mains de désespoir.*

9. **you are luckily met** a le sens de *you are lucky to have met me.*

10. **a pipe** = 1. *a large cask with its content.* 2. *as a measure of capacity = 105 imperial gallons = 2 hogsheads = 4 barrels.*

11. L'amontillado est une variété de sherry, plus claire que l'oloroso mais plus foncée que le fino. Il tire son nom de sa région d'origine, la ville de Montilla dans la province de Cordoue. Il est porté à maturation dans des barriques de chêne canadien ou américain dont la porosité permet une oxydation lente.

12. **in the matter of...** : *quant à..., en ce qui concerne...*

"Luchresi cannot tell Amontillado from Sherry."

"And yet some fools will have it that his taste is a match[1] for your own[2]."

"Come, let us go."

"Whither[3]?"

"To your vaults[4]."

"My friend, no; I will not impose upon your good nature. I perceive[5] you have an engagement[6]. Luchresi –"

"I have no engagement; – come."

"My friend, no. It is not the engagement, but the severe cold with which I perceive you are afflicted. The vaults are insufferably damp. They are encrusted[7] with nitre[8]."

"Let us go, nevertheless. The cold is merely nothing. Amontillado! You have been imposed upon[9]. And as for Luchresi, he cannot distinguish Sherry from Amontillado[10]."

Thus speaking, Fortunato possessed himself of my arm; and putting on a mask of black silk and drawing a *roquelaure*[11] closely about my person, I suffered him to hurry me to my palazzo[12].

There were no attendants at home; they had absconded[13] to make merry in honour of the time. I had told them that I should not return until the morning, and had given them explicit orders not to stir from the house. These orders were sufficient, I well knew, to insure their immediate disappearance, one and all, as soon as my back was turned.

---

1. **a match** : *égal, pareil*. Ex. : ***he has not his match*** : *il n'a pas son pareil.* Cf. ***to be a match for sb*** : *être de force à lutter avec qn.*

2. **your own** = ***your own taste***.

3. **whither** (archaïque et littéraire) : *où ? vers quel lieu ?*

4. **vaults** = ***wine vaults*** : *caves; cellier.*

5. **to perceive sth** : *s'apercevoir de qch.*

6. **an engagement** : *engagement*; *promesse*; *obligation*; *rendez-vous*. Le mot peut également avoir le sens de *recrutement* ou *fiançailles*. Cf. ***an engagement ring*** : *une bague de fiançailles.*

7. **to encrust** : *incruster*; *couvrir d'une croûte.*

8. **nitre** ['naɪtər] : *nitre, salpêtre*. Le nitre est le nom vulgaire donné au nitrate de potasse et à l'azotate de potasse, appelé aussi salpêtre. Le salpêtre était mélangé à du soufre et à du charbon de bois pour faire la poudre à canon. Le salpêtre se trouve sur les murs des caves humides.

— Luchresi est incapable de faire la différence entre de l'amontillado et du sherry.

— Il y a pourtant des sots qui prétendent que son palais est aussi fin que le vôtre.

— Allez, allons-y.

— Où ça ?

— Dans vos caves.

— Non, mon ami ; je ne voudrais pas abuser de votre bonté naturelle. Je me suis aperçu que vous étiez occupé. Luchresi...

— Je ne suis pas du tout occupé ; allons-y.

— Non, mon ami. Ce n'est pas tant à cause de vos occupations que du gros rhume dont je me suis aperçu que vous souffriez. Les caves sont d'une humidité effroyable. Leurs murs sont couverts de nitre.

— Allons-y quand même. Le froid, ce n'est pas grave. De l'amontillado. On vous a trompé. Quant à Luchresi, il ne sait pas distinguer un sherry d'un amontillado.

Sur ces paroles, Fortunato s'empara de mon bras. Je mis un masque de soie noire et, me drapant dans une cape, je me laissai traîner par lui jusqu'à mon palais.

Il n'y avait pas de domestiques à la maison ; ils avaient décampé pour prendre part aux réjouissances. Je leur avais dit que je ne serais pas rentré avant le lendemain matin, et je leur avais formellement interdit de quitter la maison. Ces instructions suffisaient, je le savais pertinemment, à me donner la certitude qu'ils allaient tous disparaître dès que j'aurai le dos tourné.

---

9. **to impose on/upon sb** : *abuser qn, en faire accroire à qn.* Ex. : **to let oneself be imposed on** : *s'en laisser conter.*

10. On remarquera comment le narrateur fait croire à son interlocuteur qu'il veut le dissuader de venir tout en faisant tout pour l'y inciter, en jouant d'abord sur son goût pour le vin, puis sur son orgueil de connaisseur et sa rivalité avec Luchresi.

11. On appelait *roquelaure* une cape qui descendait jusqu'au genou et que les gentilshommes portaient au XVIIIe et au début du XIXe siècle. Le nom vient du duc de Roquelaure (1656-1738), Maréchal de France.

12. L'utilisation du mot italien **palazzo** suggère que la scène se passe en Italie, à la période du carnaval.

13. **to abscond** [əb'skɒnd], qui a le sens de *s'enfuir, se soustraire à la justice*, a aussi celui, plus familier, de *s'éclipser, déguerpir, décamper.* Cf. **an absconder** : *un fugitif.*

I took from their sconces[1] two flambeaux[2], and giving one to Fortunato, bowed[3] him through several suites of rooms[4] to the archway that led into the vaults. I passed down a long and winding[5] staircase, requesting him to be cautious[6] as he followed. We came at length to the foot of the descent, and stood together upon the damp ground of the catacombs[7] of the Montresors[8].

The gait of my friend was unsteady[9], and the bells upon his cap[10] jingled as he strode.

"The pipe," said he.

"It is farther on," said I; "but observe the white web-work[11] which gleams from these cavern[12] walls."

He turned towards me, and looked into my eyes with two filmy orbs that distilled the rheum[13] of intoxication.

"Nitre?" he asked, at length.

"Nitre," I replied. "How long have you had that cough?"

"Ugh! ugh! ugh! – ugh! ugh! ugh! – ugh! ugh! ugh! – ugh! ugh! ugh! – ugh! ugh! ugh!"

My poor friend found it impossible to reply for many minutes.

"It is nothing," he said, at last.

"Come," I said, with decision, "we will go back; your health is precious. You are rich, respected, admired, beloved; you are happy, as once I was. You are a man to be missed[14]. For me it is no matter. We will go back; you will be ill, and I cannot be responsible. Besides, there is Luchresi –"

---

1. Le terme **sconce** désigne un *candélabre* fixé au mur.

2. a flambeau = *a lighted torch*. Le mot français est utilisé en anglais avec, au pluriel, selon les utilisateurs, la forme *flambeaux* ou *flambeaus*.

3. **to bow** [baʊ] : *s'incliner ; saluer ; faire une révérence*. L'utilisation de ce verbe avec la préposition ***through*** signifie que le narrateur a fait un signe de la tête à Fortunato pour lui indiquer de le suivre.

4. **suite of rooms** : *pièces en enfilade*. Notez que *suite* se prononce de la même façon que *sweet*.

5. Notez la prononciation du verbe **to wind** [waɪnd] : *monter en colimaçon ; serpenter*. Cf. **winding streets** : *rues tortueuses*. Le *vent* se dit ***wind*** [wɪnd].

6. **cautious** : *circonspect, précautionneux*.

7. Les *catacombes* (**catacombs**) sont des galeries souterraines dans lesquelles les anciens plaçaient les corps des morts qu'ils ne brûlaient pas. Il s'agissait en général d'anciennes carrières abandonnées.

8. Le nom Montresor évoque, bien sûr, l'idée qu'un trésor est caché dans

Je décrochai deux flambeaux de leur support, et en tendis un à Fortunato, le conduisis avec force courbettes à travers une enfilade de pièces jusqu'à un passage voûté qui menait aux caves. Je descendis un long escalier en colimaçon en lui recommandant de faire attention en me suivant. Nous arrivâmes enfin au pied de l'escalier, et nous retrouvâmes sur le sol humide des catacombes.

La démarche de mon ami était mal assurée, et les grelots de son bonnet tintaient à chacun de ses pas.

— Le foudre, dit-il.

— Il est là-bas, dis-je, mais regardez ces incrustations blanches qui luisent sur les murs de cette caverne.

Il se retourna vers moi et me fixa du regard avec des yeux voilés, embués par l'alcool.

— Du nitre ? demanda-t-il après un moment.

— Oui, du nitre, répondis-je. Depuis combien de temps toussez-vous ?

— Euh ! euh ! euh ! – euh ! euh ! euh ! – euh euh ! euh ! – euh ! euh ! euh ! – euh ! euh ! euh !

Mon pauvre ami fut incapable de me répondre pendant quelques minutes.

— Ce n'est rien, dit-il enfin.

— Allez, dis-je d'un ton décidé, nous allons repartir ; votre santé est précieuse. Vous êtes riche, respecté, admiré, vénéré ; vous êtes heureux, comme je l'ai été, moi-même, jadis. Vous êtes un homme qui laisserait un vide. Je trouve que cela n'en vaut vraiment pas la peine. Nous allons repartir ; vous allez être malade et je ne veux pas en être responsable. D'ailleurs il y a Luchresi...

---

ces caves humides : caveaux pour un vin précieux, pour Fortunato, caveaux pour des morts impossibles à retrouver, pour le narrateur.

9. **unsteady gait** : *pas mal assuré*. Cf. ***to have a graceful gait*** : *avoir une démarche gracieuse.*

10. Le bonnet à clochettes fait partie, avec la marotte, de la tenue traditionnelle du fou.

11. **web** : *toile.* Cf. **cobweb** : *toile d'araignée.*

12. **cavern** : *caverne, souterrain.*

13. **rheum** [ru:m] = ***watery matter secreted by the eyes*** : *chassie.* Cf. ***rheumy eyes*** : *yeux chassieux.*

14. **a man to be missed** = ***a man people will miss.***

"Enough," he said; "the cough[1] is a mere nothing; it will not kill me. I shall not die of a cough."

"True – true," I replied; "and, indeed, I had no intention of alarming you unnecessarily – but you should use all proper caution. A draught[2] of this Medoc[3] will defend us from the damps."

Here I knocked off[4] the neck of a bottle which I drew from a long row of its fellows that lay[5] upon the mould[6].

"Drink," I said, presenting him the wine.

He raised it to his lips with a leer[7]. He paused and nodded to me familiarly, while his bells jingled.

"I drink," he said, "to the buried that repose[8] around us."

"And I to your long life."

He again took my arm, and we proceeded.

"These vaults," he said, "are extensive[9]."

"The Montresors," I replied, "were a great and numerous family."

"I forget your arms."

"A huge human foot d'or, in a field azure; the foot crushes a serpent rampant whose fangs are imbedded in the heel[10]."

"And the motto[11]?"

"*Nemo me impune lacessit*[12]."

"Good!" he said.

The wine sparkled[13] in his eyes and the bells jingled. My own fancy grew warm[14] with the Medoc.

---

1. **cough** : *toux*. Cf. **to give a cough** = **to cough** : *tousser*. On appréciera l'ironie dramatique, car le lecteur, contrairement à Fortunato, se doute bien que ce dernier ne mourra pas d'une quinte de toux.

2. **draught** [drɑːft] : *gorgée*. Cf. **at a draught** : *d'une gorgée* ; **in long draughts** : *à grands traits*.

3. Le médoc est la région de vignoble bordelais située entre l'océan Atlantique et l'estuaire de la Gironde. Cette région produit des vins rouges d'un grand renom, en particulier le margaux, le pauillac et le saint-estèphe.

4. **to knock off** : *faire sauter*. Ex. : **to knock the book off the table** : *faire tomber le livre de la table*.

5. **to lie, lay, lain** : *reposer*.

6. **mould** [məʊld] : 1. *humus, terreau*. 2. *moisissure*.

7. **a leer** [lɪəʳ] : *regard de côté* (malicieux et mauvais). Cf. **to leer at sb** : regarder qn d'un œil méchant.

— Cela suffit, dit-il, cette toux est une broutille ; ce n'est pas ça qui va me tuer. Je ne vais pas mourir parce que je tousse.

— C'est tout à fait vrai, répliquai-je, et, en vérité, je n'avais aucunement l'intention de vous alarmer inutilement – mais vous devriez néanmoins faire attention. Une gorgée de ce médoc va nous protéger de l'humidité.

Sur ce, je tirai une bouteille à une longue rangée de ses semblables qui reposaient sur le sol et je fis sauter le goulot.

— Buvez, dis-je en lui présentant le vin.

Il porta la bouteille à ses lèvres, en me regardant du coin de l'œil. Il fit une pause, manifesta familièrement son approbation d'un hochement de tête qui fit tinter ses grelots et dit :

— Je bois aux défunts qui reposent autour de nous.

— Et moi, à votre longue vie.

Il reprit mon bras et nous nous remîmes en route.

— Ces caveaux, dit-il, sont immenses.

— Les Montrésor, répliquai-je, étaient une grande et nombreuse famille.

— J'ai oublié vos armes.

— Un grand pied d'or, sur champ d'azur ; le pied écrase un serpent rampant dont les crochets s'enfoncent dans le talon.

— Et la devise ?

— *Nemo me impune lacessit.*

— Fort bien ! dit-il.

Le vin étincelait dans son regard et les grelots tintinnabulaient. Le médoc m'avait aussi échauffé les idées.

---

8. **to repose** s'utilise plus particulièrement pour le repos dans la mort. Ex. : ***his body reposes under this stone*** : *c'est sous cette pierre que son corps repose.*

9. **extensive** : *étendu, vaste, considérable.*

10. Ce blason symbolise la cruauté de Montrésor, qui a, comme le serpent, l'intention de se venger et de tuer celui qui l'a écrasé.

11. **motto** (*devise*) fait au pluriel **mottoes**.

12. Cette devise latine (*Personne ne m'a attaqué impunément*), justifie, au nom de l'honneur de la famille, le désir de vengeance du narrateur.

13. **to sparkle** : *étinceler, scintiller.* Ex. : ***his eyes sparkled with joy*** : *ses yeux pétillaient de joie.* Cf. ***sparkling wine*** : *vin pétillant.*

14. **to grow warm** : *s'échauffer.*

We had passed through long walls of piled skeletons, with casks and puncheons[1] intermingling[2], into the inmost[3] recesses of the catacombs. I paused again, and this time I made bold[4] to seize Fortunato by an arm above the elbow.

"The nitre!" I said: "see, it increases. It hangs like moss upon the vaults. We are below the river's bed. The drops of moisture trickle among the bones. Come, we will go back ere it is too late. Your cough –"

"It is nothing," he said; "let us go on. But first, another draught of the Medoc."

I broke and reached him a flagon[5] of De Grave[6]. He emptied it at a breath[7]. His eyes flashed with[8] a fierce light. He laughed and threw the bottle upwards with a gesticulation I did not understand.

I looked at him in surprise. He repeated the movement – a grotesque one.

"You do not comprehend[9]?" he said.

"Not I," I replied.

"Then you are not of the brotherhood[10]."

"How?"

"You are not of the masons[11]."

"Yes, yes," I said; "yes, yes."

"You? Impossible! A mason?"

"A mason," I replied.

---

1. **puncheon** : *tonneau* (de 72 à 120 gallons : 272 à 454 litres). Ex. : ***a puncheon of rhum*** : *une pièce de rhum*.

2. **to intermingle** : *entremêler, mélanger*. Cf. : ***intermingling*** : *entremêlement*.

3. ***inmost*** : *le plus profond*. Ex. : ***our inmost thoughts*** : *nos pensées les plus secrètes* ; ***the inmost recesses of the heart*** : *les recoins les plus intimes du cœur*.

4. **to make bold to do sth** : *s'enhardir à faire qch*. Cf. ***to make bold with sb*** : *prendre des libertés avec qn*.

5. **flagon** : *flacon* ; *fiasque* ; *grosse bouteille ventrue*.

6. Le vignoble de Graves fait partie du vignoble bordelais. Il est situé au sud de la ville de Bordeaux, le long de la rive gauche de la Garonne. La région doit son nom au sol composé de graves (graviers).

7. **at a breath** : *d'un trait* ; *d'un souffle*.

8. Cf. ***his eyes flashed with anger*** : *ses yeux jetaient des éclairs de colère*.

Nous étions arrivés, à travers des murailles d'ossements empilés, entrecoupées de barriques et vastes futailles, dans les profondeurs des catacombes. Je m'arrêtai à nouveau, et, cette fois, je pris la liberté de saisir Fortunato par un bras, au dessus du coude.

— Le nitre ! dis-je. Voyez, il y en a de plus en plus. Il pend comme de la mousse le long des voûtes. Nous sommes sous le lit de la rivière. Les gouttes d'humidité filtrent à travers les ossements. Venez, nous allons repartir avant qu'il ne soit trop tard. Vous toussez...

— Ce n'est rien, dit-il, continuons. Mais d'abord, reprenons une gorgée de ce médoc.

J'ouvris un flacon de vin de Graves que je lui tendis. Il le vida d'un trait. Ses yeux brillèrent comme un éclair. Il rit et lança la bouteille en l'air avec un geste que je ne pus comprendre.

Je le regardai avec surprise. Il répéta le mouvement, un mouvement grotesque.

— Vous ne comprenez pas ? dit-il.
— Non, répliquai-je.
— Alors vous ne faites pas partie des frères.
— Pardon ?
— Vous n'êtes pas maçon.
— Si, si, dis-je, si, si.
— Vous ? Impossible ! Vous, maçon ?
— Oui, maçon, rétorquai-je.

---

9. **comprehend** a ici le sens de **understand**. Cf. *it is beyond my comprehension* : *cela me dépasse*.

10. **brotherhood** : fraternité ; confrérie. On a vu dans le personnage de Fortunato une représentation du père adoptif de Poe, John Allan, qui était « *rich, respected, admired, beloved* » (page 116) mais aussi amateur de vins et franc-maçon.

11. **mason** = *freemason*. La franc-maçonnerie est une association philosophique secrète apparue en Angleterre au XVIIe siècle. Elle recrute ses membres par cooptation et pratique des rites initiatiques. Elle doit son nom au secret de l'art de bâtir que gardaient jalousement les corporations de maçons du Moyen Âge, qui édifièrent, en particulier, les cathédrales. On notera l'ironie dramatique sur le double sens du mot *mason* : membre de la franc-maçonnerie pour Fortunato, individu qui sait manier la truelle pour le narrateur.

"A sign," he said, "a sign."

"It is this," I answered, producing from beneath the folds of my *roquelaire* a trowel[1].

"You jest[2]," he exclaimed, recoiling[3] a few paces. "But let us proceed to the Amontillado."

"Be it so[4]," I said, replacing the tool beneath the cloak and again offering him my arm. He leaned upon it heavily. We continued our route[5] in search of the Amontillado. We passed through a range of low arches, descended, passed on, and descending again[6], arrived at a deep crypt, in which the foulness[7] of the air caused our flambeaux rather to glow than flame[8].

At the most remote[9] end of the crypt there appeared another less spacious. Its walls had been lined with human remains[10], piled to the vault overhead, in the fashion of the great catacombs of Paris[11]. Three sides of this interior crypt were still ornamented in this manner. From the fourth side the bones had been thrown down, and lay promiscuously[12] upon the earth, forming at one point a mound of some[13] size. Within the wall thus exposed by the displacing of the bones, we perceived a still interior crypt or recess, in depth[14] about four feet, in width three, in height six or seven. It seemed to have been constructed for no especial[15] use within itself, but formed merely the interval between two of the colossal supports of the roof of the catacombs, and was backed by one of their circumscribing[16] walls of solid granite.

---

1. **trowel** : *truelle*. La truelle est un outil essentiel du maçon et l'un des principaux symboles maçonniques, avec, entre autres, l'équerre et le compas, le maillet et le ciseau ou le niveau et le fil à plomb.

2. **to jest** : *plaisanter, badiner*. Cf. ***the king's jester*** : *le bouffon du roi*.

3. **to recoil** : *reculer*. Exprime généralement une réaction d'horreur ou de révolte. Cf. ***to recoil from doing sth*** : reculer devant l'idée de faire qch.

4. **Be it so** = *Let it be so*. Il s'agit ici d'un impératif.

5. **route** : *itinéraire, parcours*. Cf. ***the bus route*** : *la ligne d'autobus*.

6. Le chemin décrit ici est une métaphore de la descente aux Enfers de Fortunato, que le désir de goûter à l'amontillado conduit à la mort.

7. **foulness** ['faʊlnɪs] : *fétidité* (air).

8. Le manque d'oxygène diminue la vigueur de la flamme.

— Une preuve, dit-il, une preuve.

— Voici, répondis-je en tirant une truelle de dessous ma cape.

— Vous plaisantez, s'exclama-t-il, avec un mouvement de recul. Mais, transportons-nous jusqu'à l'amontillado.

— Soit, dis-je en replaçant l'outil sous ma roquelaure et en lui offrant de nouveau le bras.

Il s'appuya lourdement dessus. Nous continuâmes notre route à la recherche de l'amontillado. Nous passâmes sous une rangée d'arceaux fort bas, descendîmes, fîmes quelques pas et, descendant encore, arrivâmes à une crypte profonde, dans laquelle l'air était si délétère que les flammes de nos torches se transformèrent en flammettes.

Tout au fond de cette crypte, on en découvrait une autre, moins spacieuse. Ses murs étaient tapissés de restes de squelettes, empilés jusqu'à la voûte du plafond, à la manière des grandes catacombes de Paris. Trois côtés de cette seconde crypte étaient encore décorés de cette manière. Le quatrième avait été dépouillé de ses os qui avaient été jetés sur le sol qu'ils jonchaient avec indécence, formant à un endroit un monticule de belle taille. Dans le mur ainsi mis à nu par le déplacement des os, nous aperçûmes encore une autre niche, une troisième crypte. profonde d'environ quatre pieds, large de trois et haute de six ou sept. Elle ne semblait pas avoir été construite pour un usage particulier, mais formait simplement l'intervalle entre deux des piliers énormes qui supportaient la voûte des catacombes, et s'appuyait sur l'un des murs de granit massif qui circonscrivaient l'ensemble.

---

9. **remote** : *éloigné, écarté*. Cf. **in the remotest part of Africa** : *au fond de l'Afrique*.

10. **remains** : *restes, débris, vestiges*. Cf. **mortal remains** : *dépouille mortelle*.

11. C'est à la fin du XVIIIe siècle que d'anciennes carrières parisiennes ont été choisies pour déposer les ossements du cimetière des Innocents, qui était devenu un lieu d'infection pour tous les habitants du quartier.

12. **promiscuously** : *confusément* ; *en promiscuité* ; *pêle-mêle*.

13. **some** a ici le sens de *a certain*.

14. **depth** est le substantif correspondant à l'adjectif **deep**, **width** à **wide** et **height** à **high**.

15. **especial** : *spécial, particulier*.

16. **to circumscribe** : 1. *circonscrire*. 2. *limiter*.

It was in vain that Fortunato, uplifting his dull[1] torch, endeavoured to pry[2] into the depths of the recess. Its termination[3] the feeble light did not enable[4] us to see.

"Proceed," I said; "herein[5] is the Amontillado. As for Luchresi –"

"He is an ignoramus[6]," interrupted my friend, as he stepped unsteadily forward, while I followed immediately at his heels. In an instant he had reached the extremity of the niche, and finding his progress arrested by the rock, stood stupidly bewildered[7]. A moment more and I had fettered[8] him to the granite. In its surface were two iron staples[9], distant from each other about two feet, horizontally. From one of these depended a short chain, from the other a padlock[10]. Throwing the links about his waist, it was but the work of a few seconds to secure it. He was too much astounded to resist. Withdrawing the key I stepped back from the recess.

"Pass your hand," I said, "over the wall; you cannot help feeling the nitre. Indeed, it is *very* damp. Once more let me *implore* you to return. No? Then I will positively[11] leave you. But I must first render[12] you all the little attentions in my power[13]."

"The Amontillado!" ejaculated[14] my friend, not yet recovered from his astonishment.

"True," I replied; "the Amontillado."

As I said these words I busied myself among the pile of bones of which I have before spoken. Throwing them aside, I soon uncovered[15] a quantity of building stone and mortar. With these materials and with the aid of my trowel, I began vigorously to wall up[16] the entrance of the niche.

---

1. **dull** indique ici le manque d'éclat.
2. **to pry** : *fureter, chercher à voir*. Cf. *safe from prying eyes* : *à l'abri des regards indiscrets*.
3. **termination** est utilisé ici de façon inhabituelle dans le sens de *end*. Il a, en grammaire, le sens de *terminaison, désinence*.
4. **to enable sb to do sth** : *permettre à qn de faire qch*.
5. **herein** : *ici, ci-dedans*.
6. **an ignoramus** [ˌɪgnə'reɪməs] : *un ignare*. Le mot vient du verbe latin ***ignorare***, conjugué à la 1re personne du pluriel (*nous ignorons*).
7. **to be bewildered** : *être désorienté* ; *ne plus savoir que penser*.
8. **fettered** (of prisoner) = **in fetters** : *enchaîné, dans les fers*.
9. **staple** : *crampon* (à deux pointes). Cf. **wall staple** : *harpon, agrafe*.

C'est en vain que Fortunato brandit sa torche fuligineuse pour essayer de distinguer quelque chose dans les profondeurs de ce renfoncement. Mais la faiblesse de la flamme ne nous permettait pas d'en voir le fond.

— Avancez, lui dis-je, c'est là qu'est l'amontillado. Quant à Luchresi...

— C'est un être ignare, interrompit mon ami, qui s'était remis en route d'un pas chancelant, pendant que je suivais sur ses talons.

En un instant, il avait atteint l'extrémité de la niche, et trouvant sa marche arrêtée par le roc, resta devant, ahuri. L'instant d'après, je l'avais enchaîné au granit. Sur la paroi il y avait deux anneaux de fer, distants l'un de l'autre d'environ deux pieds, à l'horizontale. A l'un des deux était suspendue une courte chaîne et à l'autre un cadenas. Ayant jeté la chaîne autour de sa taille il ne me fallut que quelques secondes pour l'assujettir. Il était trop abasourdi pour résister. Je retirai la clef et sortis de la niche à reculons.

— Passez votre main sur le mur, dis-je, vous ne pouvez pas ne pas sentir le nitre. Il est vraiment très humide. Une fois encore, permettez-moi de vous implorer de rentrer. Vous ne voulez pas ? Alors, je suis obligé de vous laisser là. Mais je vous dois d'abord toutes les petites attentions qu'il est en mon pouvoir de vous rendre.

— Et l'amontillado ? s'écria mon ami, qui n'était pas encore revenu de son étonnement.

— C'est vrai, répliquai-je, l'amontillado.

Sur ces mots j'attaquais la pile d'ossements dont j'ai déjà parlé. Je les jetai de côté et je découvris bientôt une grande quantité de moellons et de mortier. Avec ces matériaux et à l'aide de ma truelle, j'entrepris, avec détermination, de murer l'entrée de la niche.

---

10. **a padlock** : *un cadenas.*

11. Cf. ***he positively refused to go*** : *il a absolument refusé de partir.*

12. Cf. ***for services rendered*** : *pour services rendus.*

13. L'ironie dramatique est ici à son comble avec l'imploration de retourner et les paroles du narrateur qui ne sont pas la manifestation d'une quelconque sollicitude envers Fortunato mais l'exécution de son sinistre dessein.

14. **to ejaculate** [ɪ'dʒækjʊleɪt] : *pousser un cri, s'écrier.*

15. **to uncover** : *découvrir ; dévoiler ; mettre à nu.*

16. **to wall up** : *murer, emmurer.* La particule ***up*** indique un maçonnage complet. Ex. : ***to wall up the windows*** : *murer les fenêtres.*

I had scarcely[1] laid the first tier[2] of my masonry when I discovered that the intoxication[3] of Fortunato[4] had in great measure worn off. The earliest indication I had of this was a low moaning cry from the depth of the recess. It was *not* the cry of a drunken[5] man. There was then a long and obstinate silence. I laid the second tier, and the third, and the fourth; and then I heard the furious vibration of the chain. The noise lasted for several minutes, during which, that I might hearken to it with the more satisfaction, I ceased my labours[6] and sat down upon the bones. When at last the clanking[7] subsided[8], I resumed[9] the trowel, and finished without interruption the fifth, the sixth, and the seventh tier. The wall was now nearly upon a level with[10] my breast. I again paused, and holding the flambeaux over the mason-work, threw a few feeble rays upon the figure within.

A succession of loud and shrill screams, bursting suddenly from the throat of the chained form, seemed to thrust me violently back[11]. For a brief moment I hesitated, I trembled. Unsheathing[12] my rapier[13], I began to grope[14] with it about the recess; but the thought of an instant reassured me. I placed my hand upon the solid fabric of the catacombs, and felt satisfied. I reapproached the wall. I replied to the yells of him who clamoured[15]. I re-echoed – I aided – I surpassed them in volume and in strength. I did this, and the clamourer grew still.

It was now midnight, and my task was drawing to a close[16]. I had completed the eighth, the ninth, and the tenth tier. I had finished a portion of the last and the eleventh; there remained but a single stone to be fitted and plastered in. I struggled with its weight;

---

1. **scarcely** = *hardly* : *à peine*.

2. **tier** [tiər] : *rangée*. Ex. : ***the tiers of an amphitheatre*** : *les gradins d'un amphithéâtre*. Homophone de ***tear*** (*larme*).

3. **intoxication** : *ivresse*. Cf. ***to be intoxicated*** : *être en état d'ébriété*.

4. L'ironie est aussi évidente dans le choix du nom italien du personnage, qui fait de Fortunato l'infortunée victime de cette horrible vengeance.

5. **drunken** s'utilise uniquement comme épithète, par ex. : ***drunken state*** (*état d'ivresse*) alors que ***drunk*** est toujours attribut, par ex. : ***to be drunk*** : *être ivre*.

6. Cf. ***the twelve labours of Hercules*** : *les douze travaux d'Hercule*.

7. **clanking** = ***clank*** : *bruit métallique* (sans résonance) ; *bruit de chaînes*.

8. **to subside** : *baisser, diminuer, s'apaiser*.

A peine avais-je établi la première assise de ma maçonnerie que je découvris que l'ivresse de Fortunato s'était, en grande partie, dissipée. Le premier indice que j'en eus fut un cri sourd, un gémissement de plainte qui me parvint du fond de la niche. *Ce n'était pas le cri d'un homme ivre !* Il se fit alors un silence long et obstiné. Je posai la seconde rangée, puis la troisième et la quatrième ; puis j'entendis les furieuses vibrations de la chaîne. Le bruit dura quelques minutes, pendant lesquelles, pour l'écouter tout à loisir, j'interrompis mon ouvrage et m'assis sur les ossements. Lorsque, enfin, le cliquetis se calma, je repris la truelle et achevai, sans interruption, la cinquième, la sixième et la septième rangée. Le mur arrivait presque à la hauteur de ma poitrine. Je m'arrêtai à nouveau, et, en brandissant le flambeau par-dessus la maçonnerie, envoyai une pâle lumière sur la forme humaine qui se trouvait à l'intérieur.

Une suite de hurlements perçants, qui jaillirent brusquement du gosier de la silhouette enchaînée, me firent l'effet d'être repoussé violemment. Pendant un court instant, j'hésitai, je tremblai. Je tirai ma rapière et me mis à fourrager à travers la niche ; mais un instant de réflexion suffit à me tranquilliser. Je plaçai la main sur les solides murailles des catacombes, et fut rasséréné. Je me rapprochai du mur ; je répondis aux clameurs de mon homme. Je m'en fis l'écho et les accompagnai, je les surpassai en force et en volume. Voilà comme je fis, et le braillard se tut.

Il était alors minuit, et ma besogne était presque terminée. J'avais achevé la huitième, la neuvième et la dixième rangée. J'avais fini une portion de la onzième et dernière ; il ne restait qu'une seule pierre à ajuster et à maçonner. Son poids me donnait de la peine ;

---

9. **to resume** [rɪ'zjuːm] : *reprendre, continuer.* Ex. : **to resume one's work** : *se remettre au travail.*

10. **on a level with sth** : *au niveau de qch ; à la hauteur de qch.*

11. **to thrust back** : *repousser violemment.*

12. Cf. **to unsheath a sword** : *dégainer une épée.*

13. **rapier** ['reɪpɪəʳ] : *rapière.* La rapière est une petite épée pointue utilisée pour porter le coup d'estoc.

14. **to grope for sth** : *chercher qch à tâtons.* Cf. **to grope one's way** : *avancer à tâtons.*

15. **to clamour** : *vociférer ; pousser des clameurs.* Cf. **to clamour for sth** : *réclamer qch à cor et à cri.*

16. **to draw to a close** = **to draw to an end** : *toucher à sa fin, s'achever.*

I placed it partially in its destined[1] position. But now there came from out[2] the niche a low laugh that erected the hairs[3] upon my head. It was succeeded by a sad voice, which I had difficulty in recognising as that of the noble Fortunato. The voice said –

"Ha! ha! ha! – he! he! he! – a very good joke, indeed – an excellent jest. We will have many a rich laugh about it at the palazzo – he! he! he! – over our wine – he! he! he!"

"The Amontillado!" I said.

"He! he! he! – he! he! he! – yes, the Amontillado. But is it not getting late? Will not they be awaiting[4] us at the palazzo – the Lady Fortunato and the rest? Let us be gone."

"Yes," I said, "let us be gone[5]."

"For the love of God, Montresor[6]!"

"Yes," I said, "for the love of God!"

But to these words I hearkened in vain for a reply. I grew impatient. I called aloud –

"Fortunato!"

No answer. I called again –

"Fortunato!" No answer still. I thrust a torch through the remaining aperture[7] and let it fall within. There came forth[8] in return only a jingling of the bells. My heart grew sick[9]; it was the dampness of the catacombs that made it so. I hastened[10] to make an end of[11] my labour. I forced the last stone into its position; I plastered it up. Against the new masonry I re-erected the old rampart of bones. For the half of a century no mortal has disturbed them. *In pace requiescat[12]!*

---

1. Cf. ***the destined hour*** : *l'heure fatale*. Cf. ***It was destined that...*** : *il était écrit que ...*

2. **from out** est une locution prépositionnelle qui a le sens de *par*. Ex. : ***from out the open window came bursts of laughter*** : *par la fenêtre arrivaient des éclats de rire.*

3. **hairs** est ici mis au pluriel car on ne considère pas la chevelure comme un ensemble, mais chacun des cheveux en particulier.

4. Contrairement à **wait**, qui est toujours suivi de la préposition **for**, **await** est transitif ; ex. : ***to be awaiting sth*** : *être dans l'attente de qch.*

5. Le passif anticipe sur l'absence future dans le lieu. Cf. ***to be gone*** : *être parti.*

6. Le personnage de Montrésor a, selon certains critiques, inspiré à Dostoïevski le personnage principal de *Crime et châtiment*, Raskolnikov.

je la mis, partiellement, en place. C'est alors que s'échappa de cette niche un rire sardonique qui me fit dresser les cheveux sur la tête. Il fut suivi par une voix plaintive que j'eus du mal à identifier comme étant celle du noble Fortunato. Cette voix disait :

— Ah! Ah! Ah! – Hi! Hi! Hi! Une bonne plaisanterie, vraiment – une excellente farce. Nous en rirons de bon cœur au palais – hé! hé! hé! – de notre vin – hé! hé! hé!

— De l'amontillado ? dis-je.

— Hé! hé! hé! – hé! hé! Oui, de l'amontillado. Mais ne se fait-il pas tard ? Ne nous attendront-ils pas au palais, la signora Fortunato et les autres ? Allons-nous-en.

— Oui, dis-je, allons-nous-en.

— *Pour l'amour de Dieu, Montrésor!*

— Oui, dis-je, pour l'amour de Dieu.

Mais à ces mots point de réponse ; je tendis l'oreille en vain. Je m'impatientai. Je m'écriai :

— Fortunato !

Aucune réponse. J'appelai de nouveau : « Fortunato ! »

Toujours pas de réponse. J'introduisis la torche à travers l'ouverture qui restait et la laissai tomber à l'intérieur. Le seul son que j'eus en retour fut le tintement des grelots. Mon cœur défaillait ; c'était sans doute dû à l'humidité des catacombes. Je me hâtai de mener à terme mon travail. J'ajustai la dernière pierre dans la cavité puis la scellai. Contre la nouvelle maçonnerie je rétablis l'ancien rempart d'ossements. Depuis un demi-siècle aucun mortel ne les a dérangés. *In pace requiescat!*

---

7. **aperture** ['æpərˌtjʊər] : *ouverture.*

8. **to come forth** : *sortir.* Cf. ***in his forthcoming book*** : *dans son livre à paraître.*

9. **sick** donne souvent l'idée de nausée. Cf. ***to feel sick*** : *avoir mal au cœur.*

10. **to hasten** ['heɪsn] : *se hâter, se dépêcher ; se presser.*

11. **to make an end of sth** = ***to put an end to sth*** = ***to bring sth to an end*** : *en finir avec qch, mettre fin à qch.*

12. En latin : *Qu'il repose en paix*. Emmuré au fond de ces catacombes sous la demeure des Montrésor, la paix de Fortunato ne risque pas, en effet, d'être troublée par qui que ce soit. Fortunato a été condamné à une mort lente et a eu tout le loisir de regretter de n'avoir écouté que son désir de goûter le vin et de ne pas s'être méfié de celui qu'il avait outragé.

Faites de nouvelles découvertes sur **www.pocket.fr**

- Des 1ers chapitres à télécharger
- Les dernières parutions
- Toute l'actualité des auteurs
- Des jeux-concours

POCKET

Il y a toujours un **Pocket** à découvrir

Découvrez tous nos titres disponibles en version numérique

Rendez-vous sur les sites des **e-libraires** et sur **www.pocket.fr**

Visitez aussi :

www.fleuvenoir.fr
www.pocketjeunesse.fr
www.10-18.fr
www.languespourtous.fr

POCKET

Il y a toujours un **Pocket** à découvrir

Cet ouvrage a été composé par Peter Vogelpoel et Déclinaisons

Imprimé en France par

à La Flèche (Sarthe)
en août 2011

POCKET – 12, avenue d'Italie - 75627 Paris cedex 13

N° d'impression : 65482
Dépôt légal : août 2011
S21699/01